Hochsensibilität neu entdecken

Wie du aus deiner scheinbaren Schwäche das Leben deiner Träume erschaffst

Katrin Winter

© **Copyright 2021 - Alle Rechte vorbehalten.**

Rechtliche Hinweise:

Dieses Buch ist urheberrechtlich geschützt und nur für den persönlichen Gebrauch bestimmt. Ohne die Zustimmung des Herausgebers darf der Leser keinen Inhalt dieses Buches ändern, verbreiten, verkaufen, verwenden, zitieren oder umschreiben.

Haftungsausschluss:

Die in diesem Dokument enthaltenen Informationen dienen nur zu Bildungs- und Unterhaltungszwecken. Es wurden alle Anstrengungen unternommen, um genaue, aktuelle, zuverlässige und vollständige Informationen zu liefern. Die Leser erkennen an, dass keine rechtlichen, finanziellen, medizinischen oder professionellen Ratschläge erteilt werden. Durch das Lesen dieses Dokumentes stimmt der Leser zu, dass der Herausgeber unter keinen Umständen für direkte oder indirekte Verluste verantwortlich ist, die durch die Verwendung der in diesem Dokument enthaltenen Informationen entstehen, einschließlich, aber nicht beschränkt auf Fehler, Auslassungen oder Ungenauigkeiten.

Inhaltsverzeichnis

Einleitung 1

Was ist Hochsensibilität? 5

Woran kann ich erkennen, dass ich hochsensibel bin? 11
    Hochsensibilität ist ein Temperament 11
    Hochsensibilität im Alltag 13
    Hochsensibilität und Empathie 29

Das Leben als hochsensibler Mensch 33
    Das hochsensible Baby 33
    Das hochsensible Kind 36
    Pubertät und Jugend 40
    Schul- und Lehrzeit 44
    Endlich erwachsen – und jetzt? 46
    Ich stehe zu mir! 47
    Steh du zu mir! 51

Hochsensibilität und Gesundheit 69
    Seelische Gesundheit 69
    Körperliche Gesundheit 76
    Geistige Gesundheit 79

Hochsensibilität und Berufung 85
    Mein Geschenk für diese Welt 85
    Herausforderungen 86

Hochsensibilität in Beziehungen/Partnerschaft 93
    Verlustangst 102
    Angst vor Nähe 103
    Verständigung 105

Hochsensibilität im Beruf 109
    Mein Beruf und ich 110
    Herausforderungen 111

Praktische Übungen und Tipps 115
    Große Menschenmengen 115
    Viel Verkehr 116
    Visuelle Reize 117
    Zeitmanagement 118
    Körperreaktionen 120
    Es sind die kleinen Dinge 122

Abschluss 125

Quellen und weiterführende Literatur 127

Einleitung

Herzlich willkommen auf deiner Reise in die Welt der Hochsensibilität.

Ist es nicht erstaunlich, dass Hochsensibilität erst seit wenigen Jahren wirklich auf der Liste der zu beachtenden inner- und zwischenmenschlichen Themen steht? Viele Menschen sind hochsensibel und setzen sich tagtäglich mit ihren dazugehörigen Regungen, ihrem Gefühlsleben und den Berührungen und Diskrepanzen zu ihrer Umgebung auseinander. Sie erleben immer wieder, dass die Art, wie sie sich selbst und ihre Umwelt wahrnehmen, signifikante Unterschiede zum Erleben ihrer Mitmenschen ausmacht – und dass die heutige westliche Lebensweise an vielen Stellen nicht an den Bedürfnissen und Herangehensweisen hochsensibler Menschen ausgerichtet ist.

Dabei ist Hochsensibilität alles andere als eine Behinderung. Vergleicht man die Bedürfnisse mit den Anforderungen der schnelllebigen, auf Ertrag und exponentielles Wachstum angepassten Richtungsgebung, wird schnell klar, dass beides wenig zueinander zu passen scheint – und schnell stellt sich die Frage, wie Hochsensibilität als gewinnbringend und erfreulich verstanden und erlebt werden kann.

Es kommt darauf an, genau hinzusehen. Als Einzelne und als Gesellschaft müssen und dürfen wir uns fragen, wo genau die Schwachstellen und Herausforderungen in der Integration und Mitgestaltung sensibler Menschen liegen. Was macht es so schwer für den hochsensiblen Menschen selbst und seine Umwelt, mehr die Gemeinsamkeiten zu fühlen als die Gegensätze? Was lässt uns Hochsensible mit Samthandschuhen anfassen, möchte uns weismachen, sie seien unangebracht empfindlich, pingelig oder gar kitschig? Und wie kann es möglich gemacht werden, dass Hochsensibilität einen festen Platz in der Gesellschaft erhält, der nicht länger in seinem Wert für unser individuelles, gesellschaftliches und soziales Leben infrage gestellt wird?

Wenn du dir wünschst

- ➢ als das gesehen, anerkannt, geliebt und respektiert zu werden, was und wer du bist
- ➢ am liebsten laut hinausschreien zu können, dass du dich nach Begegnung und Verbundenheit sehnst und nicht möchtest, dass andere dir zu vorsichtig, ja, fast zurückhaltend begegnen, weil sie nicht wissen, wie sie mit dir umgehen sollen oder schlicht überfordert sind
- ➢ am Leben auf eine Art teilzuhaben, die dir und deinem tiefsten Wesen entspricht
- ➢ positiv auf deine Umwelt einzuwirken und sie mit deiner Gabe zu mehr Tiefgang und Miteinander zu inspirieren
- ➢ deine Hochsensibilität als Wunder und Gabe betrachten und schamlos ausleben zu können
- ➢ Menschen in deinem Leben zu begrüßen, die zu deiner Lebensweise passen
- ➢ in deiner Partnerschaft und im Beruf Verständnis, Offenheit und fruchtbare Beziehungen zu erleben

ist dieses Buch genau das richtige für dich.

Du bist ein Wunder – und deine Hochsensibilität ist es ebenso. Es gilt nun, tief anzunehmen und zu verstehen, wie du funktionierst, was gut ist, wie es ist und wie du mit dieser neuen Haltung ganz neu mit deiner Umwelt in Kontakt kommen und das Leben deiner Träume erschaffen kannst.

Du bist es wert, nicht ausgebrannt und ständig auf der Flucht vor dem „Zuviel" Ausweichmanöver erfinden zu müssen. Du bist es wert, deine Energie in kreative, Schönheit bringende Aktivitäten fließen zu lassen. Deine Beziehungen dürfen aufblühen und von deinem sensiblen Wesen profitieren. Deine Mitmenschen können deine Grenzen spüren, beachten und respektieren und du kannst frei aufatmen, ohne ständig zu befürchten, auf die Hochsensibilität reduziert zu werden.

Du wirst in diesem Buch mehr darüber erfahren, was Hochsensibilität ist und wie sie sich individuell zeigen kann. Du wirst dich in vielen Beispielen und Beschreibungen wiederfinden können und von den Erfahrungen anderer profitieren. Praktische Tipps verhelfen dir zu einer erfolgreichen Umsetzung im Alltag und in deinen Beziehungen. Auch die Haltung dir selbst gegenüber darfst du ganz neu erforschen und dich tiefer in die Selbstakzeptanz bewegen.

Am Ende kannst du freier, fröhlicher und inspiriert deinen Alltag meistern und den dazugehörigen Herausforderungen entspannt entgegensehen.

Was ist Hochsensibilität?

„Authentisch sein ist eine Ansammlung von Entscheidungen, die wir täglich treffen. Es geht um die Wahl, sich zu zeigen und ehrlich zu sein. Die Wahl, andere unser wahres Ich sehen zu lassen."

Brené Brown

Hochsensibilität bezeichnet die Eigenschaft, Reize aus der Außenwelt viel intensiver und stärker wahrnehmen zu können. Die Bereiche umfassen sowohl zwischenmenschliche Gefühle, Haltungen, heimliche Konflikte, Zu- und Abneigungen, Ungesagtes, das zwischen den Zeilen steht, als auch äußere Reize wie Farben, Gerüche, Berührungen, Geschmäcker und Geräusche. Diese Reize werden mit unseren Sinnen erfasst und bei vielen hochsensiblen Menschen ist die Erfahrung wesentlich stärker und intensiver als bei Menschen, die die Reize abgeschwächter wahrnehmen:

> ➢ Farben erscheinen stark und kräftig. Menschen, die darauf hochsensibel reagieren, erleben oft eine Überforderung durch zu kräftige, grelle Farben, oder sie fühlen sich bei bestimmten Farben äußerst unwohl und assoziieren damit negative Gefühle. Ihr Entspannungszustand wird maßgeblich von der Farbgebung ihrer Umgebung beeinflusst. Sie werden unruhig oder entspannen sich, je nachdem, was die

entsprechende Farbe in ihnen auslöst.

> Gerüche sind für Menschen, die in diesem Bereich hochsensibel reagieren, ein sehr herausfordernder Aspekt: Überall befinden sich Gerüche in der Luft: Reinigungsmittel, Essen, Getränke, spezielle Konsumdrogen wie Alkohol und Zigaretten, Dusch- und Pflegeartikel, Parfum, Abgase, Chemikalien - im täglichen Leben ist dem Geruchssinn nicht zu entrinnen, besonders, wenn man hier hochsensibel reagiert. Gerade in zwischenmenschlichen Beziehungen beeinflusst dieser Punkt enorm: Der Körpergeruch anderer Menschen kann für den Hochsensiblen zur Qual werden, wenn er als unangenehm erscheint. Andererseits kann er viel Freude bereiten, wenn er der Wahrnehmung positiv zusagt. Doch der Geruch des anderen beeinflusst in jedem Fall die Zu- oder Abneigung. Dies tut er im Übrigen, wie auch alle anderen Sinne, bei allen anderen Menschen, deren Sinne einwandfrei funktionieren. Bei Hochsensiblen liegt lediglich ein besonderer Fokus vor, der im Alltag nicht einfach ignoriert werden kann.

Interessant ist die Beobachtung, dass Gerüche aus der Natur zwar ebenso intensiv wahrgenommen werden, jedoch häufig nicht als unbedingt negativ oder belastend empfunden werden. Wald, Wiese und unbelastete Luft gehören in diesen Bereich. Bei Tiergerüchen kann das anders sein. Wie in allen anderen Bereichen reagiert der Hochsensible hier ganz individuell. Viele Menschen spüren große innere Entspannung und Zuneigung beim Geruch eines Pferdes, das nasse Fell eines Hundes mag ihnen dagegen jedoch fast aufstoßen.

> Berührungen: Wer hier hochsensibel reagiert, muss sich täglich intensiv mit seinen Grenzen und Vorlieben im zwischenmenschlichen Bereich auseinandersetzen. Alles, was die Haut berührt oder auch nur in den Grenzbereich um den eigenen Körper herum gelangt, beeinflusst den Hochsensiblen intensiv. Sogar die Kleidung spielt hier eine große Rolle: Stoffe werden als angenehm oder unangenehm

empfunden und sind daher ein wichtiger Indikator für die Wahl der Kleidung.

Wer den hochsensiblen Menschen berührt, muss sich dessen klar werden, dass seine Berührungen von großer Bedeutung sind und nicht einfach nebenbei ausgeführt werden können, um dann zum nächsten Programmpunkt zu gelangen. Eine Berührung löst in einem Hochsensiblen eine Reihe von tiefen Gefühlen und Empfindungen aus. Alles spielt eine Rolle: Ob die Berührung sanft oder fest vonstattengeht, ob gekrault, gedrückt, gestrichen, gekreist wird. Ob die Umarmung und der Händedruck fest oder locker ausgeführt werden. Welche Intention hinter der Berührung steht – es ist also auch wichtig, was energetisch beim Hochsensiblen ankommt. Neben der körperlichen Berührung spielt auch die Grenze um den Menschen herum eine große Rolle: Sein Zuhause und sein Besitz gehören für ihn oft mit in diesen Bereich hinein.

> Der Geschmack ist für alle Menschen besonders wichtig, da das Essen zu unserem Überleben beiträgt und wir natürlicherweise ein Gefühl dafür entwickeln, was uns und unserem Körper guttut und was nicht. Daher hat der Geschmackssinn eine besondere Stellung. Bei Hochsensiblen in diesem Bereich ist er besonders stark ausgeprägt, wodurch es noch mehr Überwindung kostet, etwas zu essen, was sie nicht mögen.

Doch herausragend ist in diesem Punkt auch der Zusammenhang zwischen Essen und Emotionen: Ein hochsensibler Mensch ist auch in seinem Gefühlsleben oft sehr feinfühlig und auch empathisch. Wenn er durch bestimmte Prozesse geht, spielt das Essen symptomatisch individuell eine bedeutende Rolle: Manche Menschen neigen dazu, ihre inneren Themen und Konflikte durch das Essen auszudrücken. Sie essen dann ungesund oder nehmen die falschen Dinge zu sich, die sich letztlich in ihrer Wirkung gegen sie selbst richten. Sie essen zu viel oder zu wenig oder reagieren mit Beschwerden auf bestimmte Lebensmittel (was nicht bedeutet, dass jeder Mensch mit Lebensmittelunverträglichkeiten hochsensibel ist). Emotionen werden durch die Essgewohnheiten mit ver-

und bearbeitet. Schon bei Kindern lässt sich beobachten, dass bei ihrer Zu- oder Abneigung, Kooperation oder Kampf auch andere, oft zwischenmenschliche Themen mit hineinspielen. Bei Hochsensiblen ist dies umso stärker ausgeprägt.

> ➢ Geräusche spielen bei Thema Hochsensibilität ebenso eine bedeutende Rolle: Sie lösen intensive Emotionen aus, fördern das Wohl- und Unwohlsein in stärkerem Maß als bei Menschen, die nicht hochsensibel sind. Dazu gehört laute Musik, die Wahl der Musikrichtung, die Lautstärke beim Sprechen, Verkehrslärm, die laute Umgebung bei großen Menschenansammlungen, bestimmte Geräusche, wie beispielsweise die von Kindern oder Baulärm. Die Liste lässt sich endlos fortführen. Wichtig ist in diesem Punkt, dass Geräusche in intensivem Maß dazu führen können, dass sich die hochsensible Person unwohl fühlt, indem sie sich erschreckt oder aufgrund der zu hohen Lautstärke das Weite suchen muss. Wie das berühmte Kratzen an der Tafel wohl den meisten Menschen unangenehm sein wird - so ist bei hochsensiblen Menschen im Bereich der Geräusche/des Hörsinns überdurchschnittlich hohe Achtsamkeit gefragt.

Nicht jeder Mensch ist in jedem Bereich hochsensibel. Es ist wichtig, zu verstehen, dass nicht jeder, der hochsensibel reagiert, mit anderen Hochsensiblen verglichen werden kann. Viele Hochsensible haben gewisse Schwerpunkte, in denen sie gut auf sich achten müssen, weil sie sehr empfindlich reagieren. Zudem erfolgt die Reaktion auch nicht immer auf gleichem Wege, was es so schwer macht, Hochsensibilität symptomatisch zu definieren: Manche Menschen reagieren emotional sehr stark auf die äußeren Reize, andere wiederum körperlich.

Die körperlichen und emotionalen Reaktionen gehören freilich zusammen: Im Kern sind wir als Menschen ganzheitliche Wesen, deren sichtbarer Körper mit dem emotionalen Körper verbunden ist. Die Grenzen sind also fließend.

Hochsensibilität lässt sich demnach im Grunde definieren mit überdurchschnittlich starker Wahrnehmung und Reaktionen auf innere und äußere Reize, jedoch in unterschiedlichen Bereichen.

Bei der Hochsensibilität spielt immer die eigene Geschichte des Menschen eine bedeutende Rolle. Hochsensibilität ist bei vielen angeboren, doch wird sie in besonderem Maß durch Erfahrungen geformt. Der Mensch entwickelt im Zusammenspiel mit seiner Umwelt seine persönlichen „Überlebensmechanismen" als Kind, die ihm helfen, mit der Sensibilität umzugehen und sich in der Welt zu positionieren.

Viele dieser Mechanismen dienen bis hin ins Erwachsenenalter, andere wirken sich eventuell kontraproduktiv auf Beziehungspflege und den Alltag aus, wenn sie sich an ungeeigneten Punkten zwischen den Hochsensiblen und seine Umwelt stellen. Dazu gehört auch fehlende oder unzureichende Kommunikation, die Missachtung der Grenzen des Hochsensiblen durch andere oder gar durch sich selbst oder eine unpassende Wahl der Umgebung, die wir uns als Erwachsene bekanntlich frei auswählen können.

In diesem Buch geht es darum, geeignete Herangehensweisen zu finden, um die eigene Hochsensibilität (oder die eines geliebten Menschen) besser zu verstehen, ihr entgegenzukommen und für gegenseitiges Verständnis und Verständigung zu sorgen, und zwar so, dass ein gelungenes Miteinander und heilsame Erfahrungen möglich sind, von der beide Seiten profitieren.

Woran kann ich erkennen, dass ich hochsensibel bin?

„Deine Schwäche zu zeigen heißt, Dich verletzbar machen. Dich verletzbar machen heißt, Deine Stärke zu zeigen."

Criss Jami

Hochsensibilität ist ein Temperament

„Hochsensibilität ist keine Krankheit, sondern ein besonderes Temperament" sagt die Psychologin Sandra Konrad.

Das Temperament ist der Teil der Persönlichkeit, den der Mensch schon bei der Geburt mitbringt. Es wird durch genetische und pränatale Faktoren geformt und bleibt das ganze Leben über mehr oder weniger erhalten.

Zum Temperament gesellen sich die Umwelteinflüsse, die sich aus der Erziehung, ständig bestehenden äußeren Bedingungen und sozialer Bestärkung und Unterstützung zusammensetzen. Temperament und Umwelteinflüsse in der frühen Lebenszeit bestimmen dann im Zusammenspiel die sich entwickelnde Persönlichkeit des Menschen, der an und mit den äußeren Bedingungen wächst und sich im Rahmen seines grundlegenden Temperamentes im Laufe seines Lebens verändert.

Hochsensibel ist damit derjenige, bei dem dieses Persönlichkeitsmerkmal in seinem Temperament verankert ist. Je nachdem, wie sich die Umwelteinflüsse darstellen, kann dieses Merkmal mehr oder weniger zutage treten und vermehrt oder vermindert zu Konflikten führen. Passt die Umwelt zu der Sensibilität, nimmt also Rücksicht, erlaubt Feinfühligkeit und erfüllt die individuellen Bedürfnisse, wird der Mensch sich vielleicht gar nicht als übermäßig sensibel wahrnehmen. Erst im starken Gegensatz zu seiner Umwelt und den Menschen, mit denen er sich vergleichen kann, kommt eine starke Sensibilität bei der Art, zu leben, mehr zum Tragen. In anderen Umfeldern könnte der Charakterzug natürlicher empfunden und im Zusammenleben als nicht allzu gewichtig betrachtet werden.

Im Folgenden findest du einige Bereiche, in denen du dich als hochsensibel wiederfinden kannst. Nicht alle Bereiche müssen abgedeckt sein, um dich selbst als hochsensibel zu empfinden. Vielmehr ist es Teil des Selbstgefühls, welches dir sagt, dass Hochsensibilität auf dich zutrifft.

Es kann helfen, dich immer wieder daran zu erinnern, dass Hochsensibilität keine Abnormalität ist, sondern dass sehr viele Menschen in unterschiedlichen Bereichen sehr gefühlsbetont und reizempfindlich sein können. Auch Menschen, die stark empathisch sind, sind oft hochsensibel.

Hochsensibilität ist daher kein Stempel, der dir aufgedrückt werden kann, doch vielmehr eine hilfreiche Erklärung dafür, warum du in deinem Alltag vielleicht mit einigen Bereichen zu kämpfen hast, in denen die meisten anderen Menschen um dich herum scheinbar wunderbar zurechtkommen. Eine Erklärung für die eigene Neigung zu bestimmten Reaktionen, Handlungsweisen oder Eigenschaften kann dich ebenso darin unterstützen, wirksame Werkzeuge einzusetzen, um die oft entstehende Diskrepanz zwischen deiner Außenwelt und ihren Anforderungen und deiner inneren Empfindung zu überbrücken.

Alles darf sein. Wenn du hochsensibel bist und in bestimmten Situationen stärker empfindest und reagierst als andere, ist das nicht seltsam oder unangemessen. Innerhalb der Sensibilität des Menschen gibt es keine festgelegt angebrachte oder unangebrachte Art, wie eine Situation zu erspüren oder zu erleben ist. Vielmehr ist es wichtig, die Umwelteinflüsse zu betrachten, die dafür sorgen, dass der Mensch in einen inneren Konflikt kommt. Andererseits ist es gut, viel darüber zu erfahren, wie du dich selbst innerlich stark und stabil halten kannst, um trotz deiner Sensibilität resilient zu sein. Für dich ist der Erwerb dieser Fähigkeiten nur von Vorteil, denn es geht nicht darum, dich zu zwingen, ein Leben zu führen, das dich ständig überfordert und in dem du mehr schlecht als recht mithilfe dieser Werkzeuge überleben kannst. Im Gegenteil, vielmehr geht es darum, dir ein Leben zu erschaffen, welches von Eigenverantwortung, innerer Kraft und Vitalität und gesunden Grenzen geprägt ist.

Hochsensibilität im Alltag

Im Folgenden liest du einige Beispiele von Menschen, die hochsensibel sind, sich selbst als ebenso betrachten und im Alltag inneren und äußeren Konflikten oder Herausforderungen begegnen.

Zusätzlich erhältst du inspirierende Fragen zum Selbsttest.

Die Beantwortung dieser Fragen kann dir hilfreiche Hinweise im Hinblick auf deine Sensibilität geben. Je besser du ein Gefühl für deine innere Landschaft entwickelst, umso präziser kannst du deine Bedürfnisse entschlüsseln, für dich sorgen und deine Grenzen ausloten und feststecken.

> ➤ *Maja kennt es schon ihr ganzes Leben lang: Das Gefühl, immer bei allem viel zu empfindlich zu reagieren – zumindest hat ihre Außenwelt ihr diesen Stempel seit jeher aufgedrückt. Selbst ihre Familie, Eltern und Geschwister schienen manchmal überfordert gewesen zu sein, als sie noch ein Kind war.*

Wenn sie emotional überfordert war, begann Maja schnell zu weinen. Maja erlebte viele Situationen nicht nur als zu laut für ihre sensiblen Ohren, sondern auch emotional als Stressfaktor, weil die Atmosphäre ihr überladen schien. Von allen Seiten her nahm sie die geballte Ladung an menschlichen Regungen und ihrer eigenen inneren Reaktion darauf wahr. Ihre Aufmerksamkeit flog zwischen den verschiedenen, gleichzeitig stattfindenden Szenen hin und her und immer öfter fand sie sich überaus angespannt auf dem Sofa sitzend wieder, hin und her wiegend mit dem dringenden Bedürfnis, sofort den Raum verlassen zu müssen. Sie begann zu schwitzen und sich zu winden, sprang irgendwann auf und verließ schreiend den Raum. In ihrem Zimmer stürzte sie sich weinend auf ihr Bett.

Lange wusste Maja nicht, dass sie sensibler ist als andere Menschen. Sie konnte einfach nicht verstehen, wie andere eine solch geballte Ladung an Energie und Eindrücken verarbeiten können, ohne schier verrückt zu werden. Oft beschlich sie das Gefühl, nicht gesehen und verstanden zu werden und fühlte sich ausgegrenzt. Sie fürchtete, ihrer Familie zu viel zu sein und versuchte daraufhin, jedem Familienmitglied ganz besonders unterstützend im Alltag zu Hilfe zu kommen, immer wieder unterbrochen von wütenden Aussetzern und lautem Weinen. „Ich kann einfach nicht mehr!" rief sie dann und fiel erschöpft ins Bett.

Als Maja erwachsen wurde, meinte sie einige Jahre lang, sie habe ihre überbordenden Reaktionen in den Griff bekommen. In ihrer jungen Erwachsenenzeit rund um das Abitur und ein Freiwilliges Soziales Jahr schien sie kaum von Symptomen geplagt zu sein. Dafür stellte sie im Laufe der Jahre jedoch fest, dass es ihr immer weniger möglich war, voll und ganz im Moment präsent zu sein. Sie durchlebte ihren Alltag wie in Watte gepackt und erfuhr sich wie in einem ständigen Nebel.

Nach einer besonders stressigen Zeit jedoch brachen die Dämme wieder ein. Einige Monate nach dem Antritt ihrer ersten Arbeitsstelle fiel sie durch eine besonders stressige Zeit ohne Ruhephasen in ein tiefes Loch mit Diagnose Burnout.

Woran kann ich erkennen, dass ich hochsensibel bin?

Erst in einer darauffolgenden Therapie wurde Maja bewusst, dass die Phase, die sie als überaus überfordernd wahrgenommen hatte, für viele andere Menschen nicht besonders zehrend war und dass sie im Vergleich dazu höchst sensibel war. Obwohl sie mittlerweile eine eigene Wohnung hatte und viel Zeit für sich genießen konnte, reichte diese nicht aus, um sich von der Lautstärke und dem dauernden Stimmgewirr auf der Arbeit erholen zu können. Immer wieder fand sie sich erneut auf ihrem Sofa sitzend, angespannt und mit Ohrstöpseln in den Ohren, den Straßenlärm durchs Fenster oder die knallenden Türen der Nachbarn fürchtend. Obwohl der Nachbarschaftslärm nicht überhandnahm, war ihr jedes kleinste Geräusch zu viel.

Die emotionale Komponente machte Maja die meisten Schwierigkeiten: Alles, was in ihrem Alltag auf sie einströmte, schien sie zu durchdringen; sie fühlte sich emotional verschmutzt und sehnte sich regelrecht nach klarer, purer Stille ohne menschliches Gefühlsgewirr. Sie fühlte sich durchlässig ohne jegliches „dickes Fell", ohne Filter, der sie von den Vorkommnissen in ihrem Umfeld abschirmen konnte.

Dies schien auch der Grund dafür zu sein, so stellte sie mit der Zeit fest, warum sie sich nicht auf eine Partnerschaft einlassen konnte: Die Vorstellung, mit einem anderen Menschen so nah beisammen zu sein und nie Stille um sich herum und in sich selbst erfahren zu können, keine Freiheit von jeglichen Energien und Atmosphären eines anderen Menschen, löste äußerstes Unwohlsein in ihr aus.

Menschen wie Maja entwickeln aufgrund dieser Dynamik oft Schuldgefühle, weil sie nicht zu viel sein möchten oder andere immer wieder von sich wegschieben. Sie erscheinen manchmal schroff und kommunizieren in der Not des Momentes unüberlegt, was die Menschen in ihrer Umgebung verunsichern oder irritieren kann. Ein hochsensibler Mensch ist für andere in seinen unmittelbaren Reaktionen oft schwer greifbar. In Echtzeit erhält das Gegenüber eine Reaktion auf sein eigenes Verhalten, die ihm dieses aus der Sicht des Hochsensiblen spiegelt. Diese Verhaltensweisen des Hochsensiblen drängen sich dann zwischen sie und ihre Mitmenschen und erschweren den Kontakt und gegenseitiges Entgegenkommen, wenn nicht gemeinsam darüber gesprochen wird.

Maja braucht einen sicheren Ort in ihrem Gegenüber, bei dem sie sich öffnen und immer wieder mitteilen kann, wie sie die Situation erlebt. Zudem muss eine Atmosphäre geschaffen werden, die es möglich macht, dass sie mit im Raum bleiben und sich dennoch entspannen kann.

> *Elena muss immer wieder erleben, dass sie unfreiwillig ihr Zuhause oder ihre gewohnte Umgebung verlassen und sich etwas Neues suchen muss. Ob es nun der Wechsel nach der Ausbildung in eine fremde Stadt war, die Veränderung während ihres WG-Lebens, durch die sie ihr Zimmer räumen musste, die Versetzung in ein anderes Team auf der Arbeitsstelle oder die Beendigung ihrer Beziehung durch ihren Partner – immer wieder findet sie sich in Situationen wieder, in denen von außen von ihr verlangt wird, sich in eine neue Situation zu begeben, obwohl sie dies nicht von sich aus möchte.*
>
> *Elena ist hochsensibel, das weiß sie bereits. Zu einer Freundin sagt sie eines Tages:*
>
> *„Ich verstehe einfach nicht, was los ist. Ich fühle mich ständig gezwungen, mein Leben zu verändern, obwohl ich nicht bereit bin. Es überfordert mich komplett. Manchmal habe ich das Gefühl, dem Leben überhaupt nicht gewachsen zu sein. Ich liege im Bett und habe Herzrasen, Angst überfällt mich, ich fürchte, darunter zu zerbrechen. Es dauert Ewigkeiten, mich auf die neue Situation einzulassen. Wenn ich soweit bin, brauche ich dennoch beständig liebevolle, ermutigende Begleitung und immer wieder das Gefühl, dass ich nicht alleine bin. Jedes Mal, wenn diese Begleitung fehlt, verzweifle ich innerlich an meinem Leben.*
>
> *Ich habe auch den Eindruck, in immer mehr Bereichen meines Lebens so empfindlich zu sein. Alles Neue macht mir Angst, strengt mich an und ich kann mich schwer einfinden. Große Menschenmengen sind mir zu viel, all das Gewusel, die Lautstärke, die Unfreund-*

lichkeit der Menschen untereinander. Wenn mein Freund ungehalten war, fühlte ich mich vollkommen überflutet von seiner Energie. Ich konnte alles wahrnehmen und habe viel geweint, weil es mir über den Kopf stieg."

Nun sei es spannend, zu erfahren, welche Gründe dahinterstecken, dass Elena immer wieder dieselbe Erfahrung macht und sich selten entspannt in ihren Alltag fallen lassen kann. Immer wieder muss sie fürchten, zu verlieren, woran sie sich gerade gewöhnt hat oder sich schützen zu müssen vor dem, was geschieht. Der Grund mag in vielerlei Hinsicht zu erforschen sein – wichtig im Zusammenhang mit der Hochsensibilität ist jedoch, dass Elena offenbar an diesem Punkt aufgrund ihrer Sensibilität nicht genug Resilienz aufbauen kann, um den unerwarteten Ereignissen dieses Lebens unbeschadet zu begegnen und an ihnen zu wachsen. Im Gegenteil: Je öfter eine solche Begebenheit auftritt, umso sensibler reagiert Elena darauf.

Für Elena ist es wichtig, zu erfahren, dass sie sich durchsetzen und mitentscheiden kann. Wenn sie übt, sich auf ihr inneres Gefühl zu verlassen und mit ins Spiel zu bringen, dass sie noch nicht bereit für eine Veränderung ist oder mehr Zeit für bestimmte Prozesse braucht, kann sie dem Gefühl der Ohnmacht Schritt für Schritt mit Handlungsfähigkeit begegnen. Hochsensible Menschen fühlen sich oft von ihren eigenen Gefühlen übermannt. Wenn sie sich bewusst Zeit nehmen, diese zu reflektieren, können sie sich besser an die neue Situation anpassen und sie gegebenenfalls sogar verändern.

Testfragen

1. Nimmst du dir die Gefühle und Emotionen deiner Mitmenschen so stark zu Herzen, dass sie dich lange Zeit beschäftigen und dich zunehmend verwirren?
2. Hast du Schwierigkeiten damit, dich von Gefühlsregungen anderer abzugrenzen, wenn du dich mit ihnen in einem Raum befindest - kannst jedoch langsam entspannen, sobald du körperlichen Abstand einnimmst?
3. Spürst du oft eine starke innere Herausforderung, dich auf neue Situationen offen und mutig einzulassen? Empfindest du deinen Alltag als überfordernd, wenn es um die Wahrnehmung und Bearbeitung deiner inneren Gefühlswelt geht?
4. Spürst du oft mehrere innere Haltungen und Sichtweisen gleichzeitig und fühlst dich überladen von der Wucht deiner dazugehörigen Emotionen?
5. Hast du den Eindruck, nicht verstehen zu können, wie bestimmte Situationen andere Menschen manchmal scheinbar kalt und gefühllos zurücklassen, anstatt in ihnen starke Emotionen auszulösen?
6. Hast du einen starken Gerechtigkeitssinn, lodernde Leidenschaft für deine Berufung und es fällt dir gleichzeitig schwer, etwas „einfach durchzuziehen", dessen tiefere Bedeutung sich dir entzieht?
7. Bist du schnell von äußeren Anforderungen gestresst, verlierst leicht die Geduld und fühlst dich unter Druck gesetzt?

> *Carina ist achtundzwanzig Jahre alt. Solange sie sich erinnern kann, muss sie erleben, wie sie völlig unkontrolliert in Schweiß ausbricht, sobald sie in ein Auto steigt, oder einen Raum betritt, der ihr leicht stickig oder zu warm erscheint. Während andere Menschen Wohlfühltemperatur signalisieren, windet sie sich hin und her, bekommt*

hochrote Wangen und sucht mit einer fadenscheinigen Entschuldigung schnell das Weite.

Carina hat das Gefühl, fast ersticken zu müssen, wenn die Temperatur für sie nicht stimmig ist. Sie hat kaum Verhaltensspielraum und fühlt sich dadurch bloßgestellt. Immer wieder gerät sie dadurch mit ihren Mitmenschen in kleine Konflikte, die sie selbst nicht ganz durchschaut.

Carina sieht sich der Herausforderung gegenüber, körperlich anders zu empfinden als andere Menschen. Es kann helfen, klar und deutlich zu kommunizieren und durchweg Lösungen zu finden. Wichtig ist, dass Carina Tools erlernt, sich selbst zu beruhigen und so entspannt wie möglich auf die Situation zu reagieren. Prompte und eindeutige Aussagen ihrerseits ihren Mitmenschen gegenüber in Bezug auf ihr Unwohlsein, sind jedoch von größter Wichtigkeit. So kann Carina lernen, gut für sich zu sorgen und den Leidensdruck dauerhaft zu verringern.

> *Dirk ist neu an der Schule als Schuldirektor eingesetzt worden. Er liebt seine neue Aufgabe und seine neue Arbeitsumgebung. In seinem Büro fühlt er sich sicher und erledigt tagein tagaus seine administrativen Tätigkeiten. Doch an Tagen, an denen er überdurchschnittlich oft in seinem Büro aufgesucht wird, platzt ihm immer öfter der Kragen. Er hat das Gefühl, andere dringen in seinen Bereich ein, obwohl alle höflich klopfen. Doch wenn sich Dirk auf viele Aspekte gleichzeitig konzentrieren muss und die Anfragen innerhalb seiner persönlichen Ruhezone „abgeladen" werden, fühlt er sich schnell überfordert. Am liebsten möchte er die Tür abschließen und nur von Zeit zu Zeit öffnen, um draußen den Anfragen zu begegnen. Er hat eine starke Abneigung dagegen, dass innerhalb „seiner Zone" etwas vor sich geht, das nicht er selbst arrangiert und begonnen hat.*
>
> *Im Gespräch mit seiner Partnerin und nach der Lektüre einiger Bücher wird ihm klar: Dies ist nicht der einzige Hinweis darauf, dass er hochsensibel ist. Auch zuhause wird diese Dynamik immer wieder deutlich. Wenn sich Dirk im gemeinsamen Schlafzimmer befindet, braucht er unbedingte Ruhe. Betritt seine Partnerin den Raum, wird er schlagartig unruhig und möchte, dass sie wieder hinausgeht.*

> *Seine eigene innere Welt ist für Dirk ein Bereich, mit dem er beständig beschäftigt ist. Die Wahrnehmung seines Alltages und die Bewertung der Geschehnisse nehmen seine Aufmerksamkeit in Anspruch. Mit allen Eindrücken, die von außen auf ihn einströmen, ist er im ersten Moment immer dann überfordert, wenn er gerade mit innerer Reflexion beschäftigt ist.*

Für Dirk ist es nicht einfach, zu sehen, dass sich seine Kollegen und vor allem seine Partnerin immer wieder vor den Kopf gestoßen fühlen. Er kann nicht aus seiner Haut heraus und spürt den inneren Leidensdruck, sich Luft und Freiraum verschaffen zu müssen, erlebt jedoch auch die negativen Gefühle seiner Mitmenschen als sehr belastend, was als weiterer Stressfaktor das Problem verstärkt.

Es kann Dirk und vor allem seiner Partnerin helfen, seine Gefühle zu äußern und sich liebevoll, ehrlich und persönlich mit ihr darüber auszutauschen, was er empfindet. Auf seiner Arbeitsstelle ist es ebenso hilfreich, klar zu kommunizieren. Eine gesunde, für beide Seiten hilfreiche Grenze ist zum Beispiel ein Türschild mit der Aufschrift „Bitte nicht stören". Dieses erspart Dirk eine Unterbrechung, ein schlechtes Gewissen, wenn er durch eine Störung ansonsten schroff reagieren würde, und hilft auch dem Kollegium, mit Struktur und festen Zeiten die jeweiligen Anliegen vorbringen zu können, ohne der Begegnung angespannt entgegenzusehen.

> *Katja beobachtet sich selbst schon seit ihrer Kindheit sehr intensiv. Dabei wurde ihr immer mehr bewusst, wie feinfühlig und sensibel sie im Gegensatz zu den Menschen in ihrer Umgebung zu sein scheint: Sie verträgt keinen Alkohol und kein Koffein, nutzt keine Medikamente, weil sie meist starke Nebenwirkungen zeigen und spürt ihren Körper und seine Befindlichkeiten sehr intensiv. Kein noch so kleines Ziepen entgeht ihr.*
>
> *So ergeht es ihr auch mit ihrem Seelenleben: Katja beschäftigt sich intensiv mit allem, was ihr widerfährt und sucht nach dem tieferen Sinn. Ohne bewusste Nacharbeit vieler Ereignisse ihres Lebens hat*

> *sie das Gefühl, kaum Schritt halten zu können. Immer wieder muss sie sich Auszeiten gönnen, um sich auf sich selbst zu besinnen und wieder bei sich anzukommen. Dabei ist es nicht, wie vielleicht vermutet, der Urlaub oder das Wochenende, sondern mehrere Termine in der Woche und gar am Tag, die für sie nötig sind, um Erlebnisse zu verarbeiten.*
>
> *Dabei denkt sie nicht nur viel über sich selbst nach, sondern nimmt sich die Schicksale von Menschen in ihrer Umgebung sehr zu Herzen. Sie kann sich kaum vorstellen, wie es möglich ist, vom Leid anderer unberührt bleiben zu können.*
>
> *In Beziehungen ist ihr die Kommunikation und vor allem Harmonie extrem wichtig. Ohne verständnisvolle, liebevolle Haltung, Ausdrucksweise und Tonlage kann sie sich sofort nicht mehr offen an einem Gespräch beteiligen.*

Katjas Hochsensibilität zeigt sich in vielen Bereichen und Aspekten ihres Lebens. Sie sieht sich immer wieder Situationen gegenüber, die andere im Umgang mit ihr als übermäßig anstrengend empfinden. Für Katja ist es wichtig, ihr Selbstbewusstsein zu stärken, denn immer wieder wird sie sich fragen, ob sie zu viel ist, zu viel will, zu wählerisch oder gar penetrant ist. Andererseits darf sie lernen, ihr Gegenüber auch in seinen vielleicht weniger sensiblen Reaktionen und Sichtweisen anzunehmen und nicht von sich auf andere zu schließen. Hilfreich ist gewaltfreie Kommunikation auf beiden Seiten.

> ➢ *Michael ist mittlerweile fünfunddreißig Jahre alt und setzt sich immer noch mit seinen Eltern auseinander, die ihm bereits seit seiner Jugend mit ihren Ermahnungen in den Ohren liegen. Er verstand sich manchmal selbst nicht, doch ein normaler Job mit vierzig Stunden Arbeitszeit sind für ihn unvorstellbar.*
>
> *Michael ist Musiker, beschäftigt sich mit außergewöhnlichen Instrumenten, viel Ruhe, wandern und entspannten Vormittagen. Er hat eine Freundin, doch die beiden leben in getrennten Wohnungen, weil sein Rhythmus mit dem ihren kaum vereinbar ist. Michael benötigt morgens fast zwei Stunden, um wirklich wach und präsent zu sein.*

Lange hat er sich selbst dafür verurteilt, zu sein wie er ist, besonders, weil er ein Mann ist und immer wieder mit sexistischen Vorurteilen konfrontiert wird, die ihn enorm unter Druck setzen. Doch als er vom Thema Hochsensibilität erfahren hat, fiel ihm ein Stein vom Herzen: „Ja, das ist es! Ich fühle mich endlich verstanden und meine Fühl- und Denkweise passend beschrieben. Ich kann einfach nicht anders. Das bin ich. Ich bin sensibel, ich brauche viel Ruhe, ich bin klar und weich und lebendig, doch ich brauche einfach ein ruhiges Leben, um bei mir selbst bleiben zu können."

Für Michael ist es nicht einfach, als Mann hochsensibel zu sein. Er sieht sich immer wieder den Anforderungen gegenüber, die auf Geschlecht ausgerichtet und reduziert sind. Immer noch denken viele Menschen, Hochsensibilität sei eher eine Charaktereigenschaft von Frauen. Für Männer, die sehr empfindsam sind, kann dies schon im Kindesalter zu seelischen Schmerzen führen. Auch die stereotypischen Erwartungen anderer Menschen bezüglich des beruflichen und persönlichen Werdeganges setzen hochsensible Männer unter Druck. Hier sind klare Grenzen gefragt. Der Umgebung, insbesondere den eigenen Eltern, hilft ein klares und unmissverständliches „Stopp! Das ist mein Leben. Ich möchte nicht, dass ihr euch weiter einmischt." Oft hapert es an der Umsetzung dieser Grenze, weil der hochsensible Mann nicht streiten und Konflikten aus dem Weg gehen möchte. Er darf also üben, seine Haltung zu vertreten.

Testfragen

1. Empfindest du oft Schuldgefühle wegen deiner Sensibilität oder weil du vieles besprechen musst, um dich wieder wohlzufühlen?
2. Erlebst du oft Konflikte zwischen deiner inneren Uhr und den äußeren Anforderungen? Fühlst du dich unter Druck gesetzt, Uhrzeiten und Termine einzuhalten, weil dir vieles zu viel wird oder du noch nicht bereit bist?

> 3. Erlebst du starke Reizüberflutung im Straßenverkehr, in städtischen Lärm, in Menschenmengen, auf der Arbeitsstelle und im Familienkreis?
> 4. Ist Stress ein häufiges Symptom, sobald mehr zu tun ist als das, was natürlich aus dir herausfließen möchte?
> 5. Bist du emotional und bezüglich deiner Stimmung stark beeinflusst durch Musik, Filme und andere künstlerische und kreative Erzeugnisse?
> 6. Fällt es dir schwer, einzuschlafen oder durchzuschlafen, wenn die Bedingungen nicht perfekt auf deine Bedürfnisse abgestimmt sind?
> 7. Reagierst du stark auf Kaffee, Düfte, Alkohol oder Zigarettenrauch?

➤ *Theresa kann sich selbst oft nicht verstehen: Alles, was ihr Partner sagt, legt sie auf die Goldwaage. Sie kann nicht einfach „Fünfe grade sein lassen" oder über eine kleine Unstimmigkeit hinwegsehen. Sie muss alle kommunikativen und unausgesprochenen Stimmungen und Vorkommnisse bis ins kleinste Detail besprechen und bearbeiten, da sie sonst schnell das Gefühl hat, den Überblick zu verlieren und sich von ihrem Partner getrennt fühlt.*

Theresas Partner kommt damit gut zurecht, solange er nicht selbst unter Stress steht. Sobald ihn seine eigenen Themen beschäftigen und er sich aufgrund seiner Arbeit oder anderer Termine nicht genug Zeit für seine Freundin nehmen kann, sorgt diese fehlende Fürsorge der gemeinsamen Beziehung bei Theresa für starke Unruhe. Sie fürchtet, dass ihnen beiden ihre inneren gemeinsamen Themen entgleiten und fühlt sich stark unter Druck gesetzt, den Berg an angehäuften Gesprächsthemen abzuarbeiten.

Theresa wünscht sich selbst auch, entspannter durch den gemeinsamen Alltag zu kommen und sich vertrauensvoll in die Beziehung fallen zu lassen. In Markus hat sie einen liebevollen Partner gefunden, auf den sie sich verlassen kann. Sie spürt, dass ihre Unruhe tatsächlich nicht an fehlender Einheit liegt, sondern an ihrer Hochsensibilität. Sobald nämlich noch weitere alltägliche Themen dazukommen, ist Theresa am Abend völlig erschöpft. Sie hat das Gefühl, sich nicht mehr auf nur eine Angelegenheit konzentrieren zu können und die unterschiedlichen Bereiche nicht gleichzeitig in sich managen zu können.

Theresa ist vor allem emotional hochsensibel. Ihr inneres Barometer schlägt bei kleinsten Unstimmigkeiten in der Partnerschaft aus. Es kann helfen, hin und wieder etwas Abstand voneinander zu nehmen. So kann Theresa üben, sich selbst zu beruhigen und einige innere Konflikte schon selbst mit sich zu lösen und zu bearbeiten, bevor sie mit ihrem Partner ins Gespräch geht. Dieser hat die Chance, sich zu entspannen und durchzuatmen, bevor er vor allem zuhört. Er muss keine Lösungen bieten oder viel klären und sprechen, sondern vor allem präsent und emotional erreichbar sein. Dies hilft Theresa, sich sicher zu fühlen.

> *Ralf kennt es schon von sich: Immer schon wollte er nachts alleine schlafen. Er empfand die stetige Nähe seiner Geschwister damals und heute die seiner Partnerin als zu nah und reizüberflutend. Wenn nachts nicht alle Rollläden geschlossen sind und der Raum weitestgehend reizarm gestaltet ist, schläft er schlecht und unruhig. Bereits als er noch ein Baby war, so erfährt er von seinen Eltern, musste der Raum zu seinen Schlafenszeiten dunkel und alles um ihn herum still sein.*
>
> *Alle Farben müssen sanft und unauffällig sein, starke Farbgebungen machen ihn nervös. In seiner Beziehung sorgt dies oft für Konflikte, denn seine Partnerin Sophie wünscht es sich bunt und fröhlich.*
>
> *Sophie selbst ist lebhaft, lacht gern und viel und spricht mitunter lebendig und etwas lauter. Für Ralf ist der Gegensatz zu der ersehnten Stille schwer auszuhalten – er liebt Sophie, denn sie bringt eine fröhliche Atmosphäre und Lebendigkeit in sein Leben. Doch oft ist er von ihrer Lebhaftigkeit stark überfordert und braucht viel Ruhe. Glücklicherweise hat Sophie dafür Verständnis, sie ist kommunikativ und gern unter Menschen, ebenso einfühlsam und empathisch.*

Sie unternimmt gern auch etwas ohne Ralf und lässt ihm daher viel Raum und Ruhe, um allein zuhause zu sein. Doch Ralfs Schwierigkeit, mit ihr gemeinsam das Bett zu teilen, geht ihr zu weit.

Ralf und Sophies Miteinander ist von Gegensätzen geprägt. Auch hier hilft genügend Abstand, jedoch vor allem auch Kompromissbereitschaft, sodass sich beide voneinander gesehen fühlen. Empathie ist das Stichwort, ebenso wie klare Absprachen und regelmäßige, schöne Erlebnisse zu zweit, die die Gemeinsamkeiten in der Beziehung immer wieder in den Vordergrund rücken. Gegenseitige Wertschätzung entsteht hier vor allem dadurch, dass auch Streit und Meinungsverschiedenheiten oder unterschiedliche Bedürfnisse sein dürfen und dass beide die Herausforderungen mit Humor meistern.

> ➢ *Nadine und Anton haben vor wenigen Wochen ihr erstes Baby bekommen. Nadine ist hochsensibel und leidet darunter, denn ausgerechnet zwischen ihr und ihrem Baby ist die Kennenlernzeit von Herausforderungen überschattet: Nadine liebt ihr Kind über alles, doch der andauernde Körperkontakt fällt ihr schwer. Sie spürt oft eine Abneigung gegen die Berührung ihres Körpers durch den ihres Kindes – nicht etwa, weil sie sich emotional nicht hingezogen fühlt, im Gegenteil. Vielmehr ist es ihre Haut, die empfindsam reagiert. Immer wieder muss sie Anton zur Hilfe rufen, der das weinende Baby zu sich nehmen muss, weil Nadine körperlichen Freiraum benötigt. Auch die körpernahen Geräusche und andauernde Hauptaufmerksamkeit ihrem Baby gegenüber überfordern Nadine stark – obwohl das Kind nachts gut schläft und Nadine innerlich voll und ganz bereit war, Mutter zu werden, spürt sie, dass ihr die Hochsensibilität zu schaffen macht.*
>
> *Andererseits ist Nadine sehr aufmerksam und empfindsam ihrem Baby gegenüber: Sie kennt jedes Bedürfnis schon bei leisesten Anzeichen, ist rechtzeitig zur Stelle und intensiv mit den Gefühlen und Emotionen ihres Kindes verbunden.*

Nadine braucht dringend die liebevolle und präsente Unterstützung ihres Partners, von Freunden und eine wert- und verurteilungsfreie Umgebung. Zudem kann sie sich sogar dafür öffnen, professionelle Unterstützung in Anspruch zu nehmen, wo sie vor allem einen Ort findet, an dem sie frei über die Situation sprechen kann. Hilfreiche Werkzeuge aus professioneller Hand können die Symptome schnell lindern oder helfen, eine Brücke zu schlagen, sodass Nadine die Liebe zu und mit ihrem Kind wieder voll genießen und ausleben kann, ohne ihre eigenen Grenzen dauerhaft zu überschreiten und sich zu verausgaben. Es ist wichtig, nicht mit Logik an die Situation heranzutreten und Argumente aufzuschwatzen, die Nadine unter Druck setzen - innerlich wird sie damit vermutlich selbst sehr beschäftigt sein. Ihre innere Kritikerin kann sie mithilfe der Begleitung ebenso in einem sicheren Rahmen unter die Lupe nehmen und einen gesunden Umgang damit finden.

> ➢ *Max und Juliane sind beide hochsensibel. Sie sind bereits seit mehreren Jahren ein Paar und haben sich gut aufeinander eingespielt. Sie beide brauchen morgens Zeit alleine, um sich zu sammeln und entspannt in den Tag zu starten. So machen sie sich gegenseitig keine Vorwürfe, wenn sie sich zu Beginn des Tages ignorieren und einander erst begrüßen und ansprechen, wenn sie beide bereit sind. Zu Beginn der Beziehung war diese Erkenntnis für sie sehr befreiend, denn besonders Juliane hatte immer wieder die Befürchtung, zwischen ihnen beiden würde etwas nicht stimmen, wenn sie sich morgens nicht sofort freundlich einander zuwenden würden.*
>
> *Oft verschieben die beiden ihre Termine nach hinten und haben bereits ein Muster entdeckt, nach dem sie mehr und weniger belastbare Tage und Tageszeiten ausmachen können. Sie haben ihre Hochsensibilität anerkannt und auch ihren Freunden ausführlich davon berichtet. Die offene Kommunikation hilft allen Beteiligten, zu verstehen, dass Max und Juliane sich manchmal etwas mehr zurückziehen.*
>
> *Auch das Thema Berührung spielt eine wichtige Rolle in der Beziehung: Sie beide lieben die körperliche Begegnung und hatten zu Beginn der Beziehung sehr viel Sex. Doch mit der Zeit wurde ihnen beiden bewusst, dass kleinste Unstimmigkeiten zwischen ihnen dazu führten, dass die Begegnung belastet schien und nicht so frei von-*

stattengehen konnte, wie sie es sich wünschen. So haben sie sich angewöhnt, einander nicht zu drängen und die körperliche Zuwendung geschehen zu lassen, wenn sie von alleine auftaucht. Sie besprechen die Stimmungen und Wahrnehmungen untereinander intensiv und tauschen sich darüber aus, wie es ihnen mit dem anderen und auch mit sich selbst ergeht. Dadurch wird deutlich, dass oft kleinste Veränderungen in der Selbst- und Fremdwahrnehmung die körperliche Begegnung schon beeinträchtigen.

Max und Juliane haben gelernt, dies zu erlauben und zuzulassen. Sie kommen einander dadurch viel näher und helfen sich immer wieder mit dem Gedanken „Gerade jetzt fühlt es sich so an. Es darf sein. Später ist es wieder anders."

Möglich ist dieses gemeinsame Vorgehen vor allem auf der Basis von tiefem Vertrauen. Wenn sich einer der beiden zurückzieht, so wissen sie, es liegt zu einem großen Anteil an momentaner Überforderung und ist nicht persönlich zu nehmen. Sie können sich im Alltag miteinander entspannt auch den eigenen Prozessen widmen und müssen nicht fürchten, dass sie sich voneinander entfremden, nur, weil sie mehr Raum und hin und wieder auch Abstand benötigen.

> *Lila und Sabine sind beste Freundinnen – sie erzählen sich alles, wirklich alles. Es gibt kaum etwas, das sie voneinander nicht wissen. Grund dafür ist die Tatsache, dass sie beide hochsensibel sind und sich gleichermaßen intensiv mit ihrem Innenleben, ihrer Umwelt, ihren Belastungsgrenzen, aber auch ihren Freuden und Leidenschaften auseinandersetzen. Sie beide vereint das Ziel, ein angenehmes, lebenswertes Leben zu führen, welches sie von innen heraus wärmt und ihrer sensiblen Wahrnehmung Raum schenkt. Beide Freundinnen kennen aus ihrer Kindheit Verurteilungen und ungeduldige Reaktionen ihrer nahen Bezugspersonen, daher eint sie sowohl dieselbe Wunde als auch derselbe Wunsch nach Heilung: Sie möchten Beziehungen führen, in denen sie voll und ganz geliebt und angenommen sind und wo das, was sie zu geben haben, willkommen ist.*

Lilas und Sabines Freundschaft ist sehr wertvoll – doch es ist immer wieder für beide auch interessant zu beobachten, dass sie nicht miteinander wohnen oder sich jeden Tag treffen könnten. Ihre Gespräche dauern oft stundenlang und sie achten beide beständig auf eine Umgebung, die nicht zu laut ist, darauf, ob die Lichtverhältnisse stimmen, die Türen offen oder geschlossen sind, Wasser und Tee bereitstehen. Damit sich beide wohlfühlen, braucht es beständige Aufmerksamkeit. Jede für sich hat es manchmal schwer mit ihrer Empfindsamkeit, so ist ein gemeinsames Treffen gleichermaßen intensiv und kraftraubend wie auch sehr belebend, weil zwischen den beiden Frauen auf der Beziehungsebene sehr viel geschieht.

Hochsensibilität ist in Beziehungen bei richtigem Umgang ein großer Gewinn. Die Beteiligten können sich auf eine Weise kennenlernen und begegnen, die vielen verschlossen bleibt. Sie können kleinste und scheinbar unbedeutende Vorkommnisse miteinander teilen und besprechen, oft auch nonverbal kommunizieren und sich gegenseitig erspüren, ohne, dass besonders viele Missverständnisse auftauchen.

Trotzdem sind diese nicht ganz zu vermeiden: Durch Hochsensibilität entstehen oft auch Situationen, in denen einer von beiden innerlich auf ein Detail konzentriert ist, welches dem anderen vielleicht gar nicht aufgefallen ist. Wenn die Ablenkung mitten in einer Begegnung stattfindet und der Hochsensible plötzlich „aussteigt", kann dies zu Irritation führen. An dieser Stelle ist es besonders wichtig, dass das Paar trainiert, diese Ablenkungen zu kommunizieren. Wenn der andere dann überfordert ist von der Wahrnehmung des Hochsensiblen, darf dies genauso da sein. Zur Not können beide einen Augenblick tief durchatmen, sich umarmen und wieder im Moment ankommen, was die Irritation schon auflösen kann.

Wenn sich zwei Menschen kennenlernen, bei denen einer oder beide hochsensibel sind, kann es sehr hilfreich sein, das Kennenlernen spielerisch anzugehen. Geht gemeinsam durch die Stadt und sprecht darüber, was ihr wahrnehmt:

„Ich spüre, dass sich mein Magen zusammenzieht, wenn ich die Menschenmenge da vor mir sehe."

„Ich höre und sehe gerade alles auf einmal und ich spüre, dass ich in fünf Minuten wahrscheinlich schon genug von all dem habe: Den Autolärm, die gurrenden Tauben, rufende Jugendliche, das Brutzeln an der Dönerbude, der Dreck auf dem Boden, die Werbetafeln und grellen Farben überall, die Straßenmusik, da vorne der Mensch, der Werbezettel verteilt. Wollen wir uns nicht jetzt schon in den Park zurückziehen?"

„Ich glaube, ich habe mich nicht passend angezogen. Ich fühle mich in diesem Kleid sehr unwohl. Können wir einen Umweg nach Hause machen, damit ich mich umziehen kann?"

Auch zuhause könnt ihr euch prima gegenseitig von eurem Erleben berichten:

„Wenn die Musik läuft, kann ich mich nicht aufs Essen konzentrieren."

„Während du in der Küche stehst und kochst, wäre ich so gern bei dir. Doch die Dunstabzugshaube ist so laut, wir müssen lauter sprechen und du musst an drei Töpfen gleichzeitig werkeln. Außerdem empfinde ich den Platz als zu klein. Ich bin mal kurz drüben im Wohnzimmer."

„Ich hatte heute Morgen etwas zu wenig Zeit allein. Ich lege mich kurz hin."

„Ich bin gerade innerlich nicht bereit für volle Aufmerksamkeit. Kannst du mir später davon erzählen?"

Hochsensibilität und Empathie

Empathie spielt in vielen Beziehungen mit Hochsensiblen eine Rolle. Nicht alle Hochsensiblen sind besonders empathisch. Dennoch spüren sie oft kleinste Stimmungsschwankungen und es fehlt ihnen der Filter, um sich dagegen abzuschirmen. In der Partnerschaft fallen ihnen oft Veränderungen in der Stimmung des Partners auf, bevor dieser selbst begreifen kann, was mit ihm los ist. Wenn der Hochsensible durch die fehlende innere Barriere dann das noch unbewusste Gefühl des Partners spiegelt, kann dies zu anstrengenden Diskussionen und Streitereien führen, die beide Seiten überfordern.

Die Empathie der Hochsensiblen möchte wie eine Kunst betrachtet werden. Auch, wenn du spürst, was sich im Raum bewegt, ist es nicht immer angebracht oder nötig, dies gleich zu kommunizieren – es sei denn, du leidest darunter, weil du dich schwer abgrenzen kannst.

Hier ist es hilfreich, kurz Abstand einzunehmen und vielleicht für einen Moment den Raum zu wechseln. Oft bleibt eine Stimmung nur für einen begrenzten Zeitraum gleich und verändert sich durch die bewusste Umstrukturierung der Begegnung.

Mit einem empathischen, hochsensiblen Menschen zusammen zu sein, verlangt in jedem Fall viel ab im Hinblick auf Authentizität, Wahrheit und Achtsamkeit: Ein hochsensibler Mensch wird höchstwahrscheinlich jede Unstimmigkeit im Partner und auch in sich selbst wahrnehmen und nicht in der Lage sein, dies einfach zu ignorieren und darüber hinwegzugehen. Viele Gespräche und Auseinandersetzungen sind gefragt, die in anderen Partnerschaften vielleicht nicht nötig sind.

Beachte: Wenn du als Hochsensibler versuchst, dich in diesen Bereichen zu verbiegen und weniger empfindlich zu sein, wird sich dies wahrscheinlich kontraproduktiv auswirken. Du kannst nicht verhindern, dass du so viel wahrnimmst. Doch du kannst einen positiven Beitrag zum Gelingen der Beziehung beitragen, indem du deinen Umgang mit deiner Wahrnehmung reflektierst.

Frage deinen Partner, was er braucht, um mit deiner Hochsensibilität gut umgehen zu können. Bitte ihn darum, dir zu erklären, was er braucht, wenn seine Stimmung im Keller ist und du dies spürst. Teile ihm mit, wie es sich auf dich auswirkt – findet gemeinsam Lösungen. Es ist wichtig, dass ihr nicht den einen oder anderen als „das Problem" betrachtet, sondern gemeinsam das Projekt Beziehung mit Hochsensibilität in Angriff nehmt.

Ein Perspektivenwechsel wirkt auch oft entzerrend: Erinnert euch immer wieder daran, dass du nicht krank bist und auch nicht „andersartig". Hochsensibilität ist kein Stempel, der dich in eine Kategorie presst. Er hilft lediglich, vieles zu erklären, was sich zwischen euch abspielt. Dein Partner ist nicht in erster Linie mit einer oder einem Hochsensiblen zusammen, sondern mit (dein Name). Und du bist nicht mit einem Stoffel zusammen, sondern mit (sein/ihr Name). Seht einander in eurem tiefsten Wesen an. Öffnet immer wieder die Schubladen und lasst einander aus der Kategorisierung herauskommen.

Positive Affirmationen

⇨ Ich kann mich gut abgrenzen

⇨ Meine Hochsensibilität dient der Verbindung zu meinem Partner

⇨ Ich bleibe weich und offen

⇨ Mir steht die Welt offen, wann immer ich sie mit meinem Partner erkunden möchte, nichts läuft mir davon, wenn ich eine Pause mache

⇨ Ich muss keine Verantwortung für die Stimmungen meines Partners übernehmen

Das Leben als hochsensibler Mensch

„Stress ist der Müll des modernen Lebens. Wir alle produzieren ihn. Aber wenn wir ihn nicht ordentlich entsorgen, türmt er sich auf und übernimmt unser Leben."

Terri Guillements

Das hochsensible Baby

Andrea hat gerade in einem wahren Akt der Hingabe, Größe und kraftvollem Mut ihr Baby Lisa zur Welt gebracht. Nun spürt sie zum ersten Mal die unendlich weiche Haut des Neugeborenen, betrachtet hingerissen ihre kleinen Hände und Füße, streichelt sanft ihren Kopf mit den dünnen, dunklen Haaren und schaut in tief dunkelblaue, wissende, wache Augen. Fast scheint es ihr, als strahle die pure Weisheit, alle Wahrheit und tiefste Liebe der Welt aus diesen Augen.

Innerhalb der ersten Stunden und Tage beobachtet Andrea ihr Baby voller Aufmerksamkeit und Neugier, während sich die beiden intensiv kennenlernen. Dabei fällt Andrea auf, dass ihr Baby sehr stark auf äußere Reize in Form von Geräuschen reagiert. Selbst, wenn sie nur die Seite eines Buches umschlägt oder die Nase hochzieht, zuckt Lisa im Halbschlaf zusammen. Anfangs erklärt Andrea sich diese Beobachtung daher, dass alle Geräusche für ein Neugeborenes vollkommen neu und unbekannt sind und es daher alles frisch einordnen muss.

Doch auch in den kommenden Wochen und Monaten bleibt die Sensibilität von Lisa bestehen. Richtig schlafen kann sie nur in dunklen, reizarmen Räumen, absoluter Stille und ruhiger Atmosphäre. Sobald ein Geräusch zu laut ist, wacht Lisa auf. Zudem mag sie es nicht, Auto zu fahren oder viel unterwegs zu sein. Andrea hat den Eindruck, dass Lisa dann mehr schreit und allgemein überfordert scheint. Sie ist sehr anhänglich und möchte nicht von anderen Menschen gehalten werden, zudem reagiert sie sofort, wenn sie spürt, dass Andrea angespannt oder unruhig ist.

Im Gespräch mit einer Freundin, die bereits mehrere Kinder hat, wird Andrea bewusst, dass Lisa sensibler ist als einige Altersgenossen. Es ist Teil ihres Temperamentes, die Welt sehr intensiv, feinfühlig und empfindsam wahrzunehmen.

Schon bei Babys und Kleinkindern ist Hochsensibilität erkennbar. Sie weinen schnell oder sind stark ruhebedürftig. Andere scheinen über einen längeren Zeitraum hinweg recht offen und unempfindlich, doch wenn ein gewisser Punkt überschritten ist, macht sich der angestaute Stress mit krampfartigem Schreien und erschöpfter Überlastung bemerkbar. Das Baby ist dann kaum mehr zu beruhigen, es scheint, als müsse es all die Überforderung loswerden und ausagieren.

Auch an der Präsenz des Babys und Kleinkindes lässt sich gut eine hochsensible Veranlagung erkennen: Es reagiert auf kleinste zwischenmenschliche Anzeichen, bereits leise Geräusche wecken seine Aufmerksamkeit, es verfolgt und beobachtet minimale mimische Regungen im Gesicht seines Gegenübers und spiegelt äußerst präzise dessen Stimmung und Gefühlslage. Zudem kann es lange und intensiv Augenkontakt halten, wendet sich jedoch auch schneller weg, wenn die Bereitschaft, Kontakt zu halten, sinkt. Ist das Baby überfordert, zeigt es das deutlich durch seine Körperhaltung. Viele hochsensible Babys brauchen es, in diesem Moment körperlich weiter gehalten und getragen zu werden und trotzdem im direkten Kontakt eine Pause zu erfahren, um sich wieder zu sammeln.

Viele Eltern beobachten, dass ihr hochsensibles Baby stark auf Hitze, Kälte, Schmerz oder ungemütliche Körperhaltungen reagiert. Wenn das Bedürfnis des Babys erkannt und gelöst wurde, beispielsweise das Tragen warmer Wollsocken oder das sofortige Wechseln der nassen Windel, ist das Baby entspannt und schnell beruhigt.

Zur Hochsensibilität zählt auch die Beobachtung, ob das Baby an sich eher ex- oder introvertiert ist. Kontaktfreudige, hochsensible Babys freuen sich über die Aufmerksamkeit und gehen stark in den Kontakt, auch mit fremden Menschen, sind jedoch schnell überfordert und zeigen dies durch direktes Weinen und sich winden.

Andere, eher zurückhaltende hochsensible Babys weichen dem Kontakt mit fremden Menschen von vornherein aus und vermeiden beispielsweise Augenkontakt. Sie öffnen sich dafür umso mehr der Hauptbezugsperson, lassen sich von ihr intensiv berühren und genießen engen Kontakt sichtlich.

> **Tipp**
>
> Wenn du mehr über deine eigene Hochsensibilität erfahren möchtest, kann es sehr hilfreich sein, deine damaligen Hauptbezugspersonen zu deinem kindlichen Verhalten zu befragen. Zudem ist es spannend, zu erfahren, wie diese deiner hochsensiblen Veranlagung begegnet sind.
>
> Wurden deine speziellen Bedürfnisse beachtet? Wurdest du bereits als Baby angenommen, wie du warst, oder musstest du dich deiner Umwelt anpassen, wurdest vielleicht gar als „Schreikind" oder als schwierig, überempfindlich und anstrengend charakterisiert?
>
> Was du in Bezug auf deine Hochsensibilität an Reaktionen schon in frühesten Kindertagen erlebt hast, gibt Aufschluss

über mögliche Schuldgefühle oder zwischenmenschliche Herausforderungen, denen du dich als hochsensibler Mensch im Alltag gegenüberstehen siehst.

Hier findest du eine Liste an Fragen, die dich inspirieren können, mehr von deinen damaligen Bezugspersonen zu erfahren:

- ⇨ Wie waren meine Schlafgewohnheiten?
- ⇨ Wie seid ihr damit umgegangen, wenn ich viel geweint habe? Was hat es in euch ausgelöst?
- ⇨ Wurde ich viel allein gelassen?
- ⇨ War ich sehr aufmerksam, habt ihr intensiv Kontakt zu mir gehalten?
- ⇨ Wie habe ich auf Geräusche, Lichtverhältnisse, Wärme, Kälte und Berührungen reagiert? Wie seid ihr darauf eingegangen?
- ⇨ Musste ich Kontakte zu fremden Menschen halten?
- ⇨ Habt ihr beobachtet, dass ich besonders empfindsam auf unausgesprochene Stimmungen und auf die Atmosphäre innerhalb der Familie reagiert habe?

Hochsensibilität als Temperament ist nicht etwas, das man mit der Lebenszeit dazu gewinnt – es ist bereits in dir angelegt. Allerdings kann sich der Ausdruck dieses Merkmals im Laufe deines Lebens immer wieder verändern – beginnend ab dem Säuglingsalter.

Das hochsensible Kind

Anja hat als Erzieherin alle Hände voll zu tun. Das Team in der Kindertagesstätte betreut jeden Tag insgesamt 15 Kinder und es ist nicht immer einfach, allen Bedürfnissen der kleinen Erdenbürger gerecht zu werden.

Eines der Kinder fällt Anja seit längerer Zeit besonders auf: Max. Er ist vier Jahre alt und besucht die Kita seit zwei Jahren. Schon immer verhält er sich anders als die anderen Kinder. Nachdem er den Raum betreten hat, ist er anfangs still und in sich gekehrt und beobachtet das Geschehen von einem Platz in der Ecke des Raumes aus. Er lässt alle Szenerien unter den Kindern und auch unter den Erziehern auf sich wirken und fängt die allgemeine Stimmung im Raum ein. Er geht vorerst kaum in Kontakt mit anderen Kindern, die sich ihrerseits schnell an Max Verhalten gewöhnt haben.

Erst nach ungefähr zwanzig Minuten entscheidet sich Max, an einer der Szenerien teilzunehmen und mischt sich ganz natürlich unter das Geschehen.

Max scheint keine Langeweile, Scheu oder Scham zu empfinden, im Gegenteil. Er ist neugierig und aufmerksam, doch das anfängliche Beobachten von einem geschützten Ort aus scheint ihm Sicherheit und Stabilität zu verleihen. Zudem wählt er, wie Anja beobachtet, meist eine Spielecke aus, in der es ruhig und friedlich zugeht und die Atmosphäre harmonisch erscheint. Wenn die Stimmung aufgeheizt ist, zieht ihn das nicht etwa an, wie es bei vielen anderen Kindern der Fall ist, die sehen wollen, was los ist. Er hält sich heraus und beschäftigt sich auch gerne allein, ohne sich kalt abzugrenzen.

Wenn Max von seiner Mutter abgeholt wird, bricht er jedoch häufig wie in sich zusammen. Er weint laut und lässt seinem Frust beim Anziehen freien Lauf. Besonders an Tagen, an denen es im Kindergarten wild und laut hergeht, scheint Max überfordert und muss bei seiner Mutter erst einmal die angestaute Anspannung loslassen, die sich wohl doch unbemerkt aufgebaut hat.

Hochsensible Kinder sind, wie auch Erwachsene, sehr sensibel in Bezug auf vielerlei Reize. Zudem sehen sie sich jedoch einer weiteren Herausforderung gegenüber: Sie können altersgemäß nicht wie Erwachsene ihre Grenzen und Gefühle verbal reflektiert artikulieren. Das bedeutet nicht, dass sie nicht deutlich auf sich aufmerksam machen und zeigen, wie es ihnen geht – im Gegenteil. Wir Erwachsenen haben die Aufgabe, zuzuhören und uns mit den Zeichen der Kinder auseinanderzusetzen.

Ein hochsensibles Kind ist, ebenso wie der hochsensible Erwachsene, nicht nur den eigenen inneren Regungen ausgesetzt. Es empfindet die Reize seiner Umwelt als ebenso stark und oft auch als auslaugend. Zudem ist der junge Mensch noch klein und sein Gehirn befindet sich in einem noch nicht zur Gänze entwickelten Zustand. Es hat neben seiner Aufgabe, sich heranzubilden, die

Aufgabe, all die Stimulierungen und Eindrücke zu verarbeiten, die ihm entgegenströmen. Im kindlichen Alltag spielen hohe Lautstärke, Tumult und viel Bewegung aufgrund der großen Gruppen in Schule und Kindergarten eine große Rolle – Ruhe und Erholung finden nur selten ausgiebig Platz. Wenn ein Kind zudem im eigenen Zuhause keinen Ort der Stille und Gelassenheit findet, seine Regenerationszeit gar vor dem Fernseher verbringt und dadurch mit noch mehr Bild, Ton und emotionalem Reiz überflutet wird, kommt es immer weniger zur Ruhe. Besonders hochsensible Kinder leiden in intensivem Maß darunter.

Sie reagieren mit lautem Schreien, Trotz- und Wutanfällen, ständigem Hunger oder dem Verlangen nach immer mehr Input, um das Gefühl der ständigen Anspannung zu übertünchen und es nicht spüren zu müssen – nicht wissend, dass es durch die Erfüllung ihrer Erwartungen noch verstärkt wird. Eltern dürfen lernen, in diesem Bereich Verantwortung und Führung zu übernehmen und dem Kind klare und liebevolle Grenzen zu setzen – um es in seinem hochsensiblen Wesen zu schützen.

Das Kind braucht Zeit, um sich zu erholen, um nach stark bewegten und mit Reizen gefüllten Stunden wieder bei sich anzukommen und sich durch die Grenzen spüren zu können. Nicht umsonst brauchen Kinder Führung, schon Babys erfahren diese durch den Körperkontakt und die unterstützende Nähe, während sie die Welt um sich herum entdecken.

> **Tipp**
>
> Hier findest du erneut eine Liste mit Fragen, mit deren Hilfe du mit deinen ehemaligen Bezugspersonen über deine Hochsensibilität im Kindesalter und deinen Erfahrungen ins Gespräch kommen kannst. Je mehr Informationen du sammeln kannst, desto intensiver lernst du dich kennen und kannst dein Verhalten von heute reflektieren, verstehen und so anpassen, dass es dir dient.

> - Wie oft und wie lange war ich im Kindergarten? Wie war die Atmosphäre dort? Wie viele Kinder waren in der Gruppe?
> - Wie viele Freunde hatte ich? War ich eher auf wenige Kinder bezogen?
> - Waren wir in unserer Freizeit viel unterwegs? Wie viel und wie oft durfte ich Medien konsumieren? Welcher Art waren die Filme und Geschichten, die ich konsumieren durfte? Welche Botschaften, Atmosphären und Stimmungen haben sie vermittelt?
> - Wie war unser Ritual vor dem Zubettgehen? War es abends ruhig und entspannt, oder hektisch mit aufgeladener Stimmung?
> - Wurde mir viel freundliche und präsente Aufmerksamkeit zuteil? Wie haben wir in der Familie miteinander gesprochen? Legten wir einen lauten, rauen Ton an den Tag oder sprachen wir freundlich und leise miteinander?
> - Haben wir gewaltfreie Kommunikation angewandt?

Diese Fragen geben dir Aufschluss darüber, wie vehement du dich in deiner Hochsensibilität instinktiv und mechanisch schützen musstest. Du hast innere Schutzmechanismen angewandt und musstest sie dementsprechend hochhalten, um die Reize so gut es geht abzufangen. In dieser Zeit haben sich nach dem Baby- und Kleinkindalter weitere Muster entwickelt, die du unter Umständen bis heute beibehalten hast.

Tipp

Hier findest du eine Liste *möglicher* Schutzmechanismen, die du dir als Kind angeeignet hast:

> - Im Kindergarten und in der Schule hast du dir die Ohren zugehalten

> ⇨ Zuhause hast du Türen zugeschlagen, dich unter der Decke versteckt oder viel gegessen
>
> ⇨ Du hast mit nur einem Kind oder viel alleine gespielt
>
> ⇨ Du hast mit vielen Kindern gespielt, jedoch immer nur oberflächlich und so, dass du dich jederzeit entfernen und die Situation verlassen konntest
>
> ⇨ Du hast dich angespannt und Gefühle an dir abprallen lassen
>
> ⇨ Über plötzliche Weinanfälle hast du versucht, darüber Aufmerksamkeit zu erlangen und Hilfe zu erbeten
>
> ⇨ Du hast Geschichten gehört und gelesen, um dich von deiner Umwelt abzugrenzen und abzulenken

Die Reise in deine Vergangenheit und kindlichen Erfahrungen wird dich viel lehren und dir helfen, Gewohnheiten zu verstehen, die du auch heute noch an den Tag legst. Vielleicht kannst du sogar mit anderen Hochsensiblen darüber sprechen und dich austauschen, so, dass du mit den Erfahrungen deiner Kindheit Frieden schließen und dich selbst immer besser annehmen kannst. Es ist eine besondere Reise, immer mehr Ja zu dem zu sagen, der man schon immer war und darin die eigene Persönlichkeit immer tiefer zur Entfaltung zu bringen.

Pubertät und Jugend

Das Jugendalter als Brücke zwischen Kindheit und Erwachsenenalter ist eine besonders herausfordernde Zeit für hochsensible junge Menschen. Die meisten wissen von sich selbst nicht, dass sie hochsensibel sind und schieben die inneren Anzeichen und Merkmale, die darauf hindeuten, auf ihre Pubertät oder die stressige Prüfungszeit. Als Erwachsene können wir Jugendlichen dabei helfen, mit ihrer Hochsensibilität zurechtzukommen, indem wir intensiv präsent sind und zuhören, wenn sie sich uns öffnen.

Wir bieten einen Anker in allen Bereichen ihres Lebens und selbst, wenn das Konzept der Hochsensibilität dem Jugendlichen vollkommen fremd ist, kann er bei einer Bezugsperson Ruhe und Sicherheit finden und sich entspannen.

In der Pubertät zeigen sich drei Aspekte ganz besonders, die es dem Jugendlichen schwer machen, mit Hochsensibilität zurechtzukommen:

> ➤ Gruppendynamik: In der Jugend ist die sogenannte „Peer-Group", also die Gruppe junger Menschen, zu denen man sich zugehörig fühlt, von ungeheurer Wichtigkeit. Hier lernt der junge Mensch, sich zu behaupten und abzugrenzen, aber vor allem zuerst, sich anzupassen und sich über gemeinsame, meist unausgesprochene Zugehörigkeitsregeln zu definieren und zu identifizieren. Dies führt dazu, dass er oft erst mit der Zeit seine persönlichen Grenzen entdeckt und auch lernt, sie zu vertreten, wenn sich schmerzhafte Erfahrungen häufen. Er wird sich der Herausforderung ausgesetzt finden, sein Ja und sein Nein zu vertreten und dementsprechend ins Kreuzfeuer zu gelangen oder unter dem Beifall seiner Freunde Ansehen zu genießen.
> Hochsensibilität spielt hier eine große Rolle: Ein hochsensibler Jugendlicher wird bei vielen Aspekten der Pubertät unbewusst unter dem Kriterium der Hochsensibilität Entscheidungen treffen müssen, für oder gegen eine bestimmte Musikrichtung, Freunde, ja sogar in Bezug auf den Kleidungsstil. Wer hochsensibel ist, wird intensiv wahrnehmen, wenn er sich dahingehend nicht wohlfühlt. Bei Jugendlichen ist die Gruppendynamik oft ein Druckmittel, weil der hochsensible Jugendliche eventuell Schwierigkeiten damit hat, gegen diese für etwas anderes zu plädieren und in bestimmten Punkten anders zu sein.

> ➤ Feiern und Ausgelassenheit: Zum Jungsein gehören in unseren Breitengraden das Feiern, Ausgehen und ausgelassene Vergnügen in der Regel dazu. Der Nebeneffekt hierbei ist oft intensive Lautstärke und – fast erinnert es an die

Zeit im Kindergarten – viel Gewusel, wenig Schlaf und wenig Ruhezeit. Viele Jugendliche schlafen zu wenig, sind nach einem Wochenende vollkommen erschöpft, müssen ohne Pause wieder zur Schule gehen und finden wenig Raum, um das Erlebte zu verarbeiten. Die Erwartung, bei allen Events dabei zu sein, ist hoch, die Angst, etwas zu verpassen, ebenso. Der hochsensible Jugendliche wird, auch hier meist unbewusst, großen Druck empfinden und sich mitunter vielleicht sogar einreden, all das zu mögen, obwohl es ihm zu viel ist. Er möchte die Welt mit all ihren Facetten und Möglichkeiten erleben und seine Jugend genießen, doch die allgemeine Überforderung des hochsensiblen Jugendlichen lässt ihn oft stärker leiden, als er es sich eingestehen kann.

➢ Selbstdarstellung: Das Jugendalter ist mehr als jedes andere eine Zeit der Identitätsfindung und auch des Identitätskonfliktes. Die Jugendlichen beschäftigen sich permanent mit Vorbildern, mit der Frage „Wie muss ich sein, wer will ich sein, wie werde ich gesehen?" Der Druck, positiv auf sich aufmerksam zu machen, ist hoch. Viele sind laut und verhalten sich fast schon proletenhaft, viele treffen sich bereits Stunden vor der großen Party, um sich gemeinsam schick zu machen, Outfits auszuprobieren, ihre Schokoladenseite hervorzubringen.
Nicht zu vergessen ist dabei der Wunsch, vom anderen Geschlecht/der Person seiner Begierde als liebenswert wahrgenommen zu werden. Viele Hochsensible kämpfen stark mit dem schon für weniger sensible Menschen überfordernden Versuch, zu beweisen, dass man liebens- und beachtenswert ist. Der Wettbewerbscharakter unter den Jugendlichen gestaltet sich anstrengend, es wird viel Zeit, Geld und Energie geopfert, um den anderen zuvorzukommen und dennoch nicht allzu sehr aus der Peer-Group herauszustechen.

Sandra erinnert sich noch lebendig an ihr Jugendalter. Sie hatte es satt, konnte es sich jedoch kaum eingestehen: Sie konnte die Übernachtungen auf fremden Sofas nach einer durchzechten Nacht kaum mehr ertragen. Jedes Wochenende ließ sie sich überreden, noch länger zu bleiben, das Taxi zu verpassen und entgegen dem ursprünglichen Plan die Fahrt nach Hause auszulassen, angetrieben von der Angst, etwas zu verpassen – um dann völlig entkräftet am nächsten Mittag endlich im eigenen Bett zu landen - viel zu spät, um sich von all den Eindrücken des Wochenendes zu erholen, bevor am Montag die Schule wieder losging. Ihr eindrücklichstes Erlebnis schildert sie so:

„Ich wohnte einer Hausparty im Jugendzimmer eines Freundes bei, die ganze Nacht eingeschlossen in jugendlich-männlichem Mief und vollkommen überdrehter Musiklautstärke, Heavy Metal dröhnte aus den blechernen Lautsprechern und meine betrunkenen Kumpels schrien stundenlang um die Wette. Ich weiß bis heute nicht, warum ich die ganze Nacht geblieben bin. Morgens um sieben Uhr fielen alle erschöpft in den Schlaf, einer, der sich für mich interessierte, versuchte, den Moment besonders romantisch zu gestalten, indem er die Musik einfach weiterlaufen ließ und sich zu mir auf das steife Sofa kuschelte – ich fand nicht den Mut, aufzustehen und die Musik auszuschalten, geschweige denn einfach zu gehen.

So lag ich da, angespannt, die Sonne ging bereits auf, Musik dröhnte, der Junge stank nach Alkohol, ich bewegte mich keinen Zentimeter und wartete. Ja, worauf wartete ich eigentlich? Ich werde diese Nacht nie vergessen, es war eine Tortur an maßloser Überreizung und ich verstand zum ersten Mal, dass ich wohl ein ernstzunehmendes Problem damit hatte, nein zu sagen und Grenzen zu setzen. Zudem setzte ich mich danach zum ersten Mal mit dem Thema Hochsensibilität auseinander, wobei es nicht schwer anzunehmen ist, dass vermutlich auch weniger sensible Menschen, mit Ausnahme einiger weniger Metal-Fans, diese Situation nicht unbedingt hätten genießen können."

Sandra ist einer von vielen hochsensiblen Menschen, die bereits in ihrer Jugend extrem unter all dem Druck und zusätzlich unter einem schwachen, noch nicht ausgebildeten Selbstbewusstsein litten. Die ständigen Grenzüberschreitungen, die sie sich selbst im Jugendalter zugemutet haben, nehmen sie unter Umständen mit ins Erwachsenenalter, wo sie von Grund auf lernen müssen, die inneren Barrieren zu gesunder Selbstliebe und Selbstakzeptanz abzubauen, bedeutet dies doch zuerst, die Angst davor, anders zu sein und ausgegrenzt zu werden, abzubauen.

Schul- und Lehrzeit

Auch in der Schule, im Studium und der Ausbildungszeit ist Hochsensibilität ein brisantes Thema. Der Druck, der in den Institutionen herrscht, lässt viele Hochsensible mehr leiden, als andere dies vielleicht empfinden. Viele Eindrücke kommen zusammen und bilden ein Gemisch, dem sich der hochsensible junge Mensch wie einem riesigen unüberwindbaren Berg gegenübersieht. Hier einige Erfahrungsberichte hochsensibler junger Menschen in Studium und Ausbildung:

> *„Ich besuchte das erste Semester im Lehramt. Die Sportstudenten richteten eine Party für die Erstsemestler aus, es war klar, dass es für Prestige und Anerkennung wichtig war, dort aufzutauchen. Doch schon beim Gedanken an eine weitere durchzechte Nacht wurde mir ganz übel. Ich entschloss mich, nicht hinzugehen, auch, wenn es mir schwerfiel. Am Montag danach erzählten alle begeistert von der wilden Party und von den Kontakten, die sie hatten knüpfen können – ich fühlte mich außen vor und hatte lange Zeit Schwierigkeiten, den verlorenen Gruppenanschluss wiederzufinden. Einladungen zu Partys bekam ich in der Regel irgendwann nur noch selten, weil alle schon vermuteten, dass ich nein sagen würde und mich dafür belächelten. Ich habe durch meine Hochsensibilität immer etwas an Aktualität einbüßen müssen."*
>
> Katrin, Lehramtsstudentin

> *„Ich trat eine Ausbildung zur KFZ-Mechanikerin an und wollte diese unbedingt abschließen. Als einzige Frau im Kollegium war es nicht einfach, meinen Standpunkt zu finden. Mit der Zeit häuften sich die Momente, in denen ich von Krach und Gestank in der Werkstatt und auch vom verkehrsreichen Weg zur Arbeit völlig überfordert war und mich immer wieder krankmelden musste. Ich liebte die Vorstellung, KFZ-Mechanikerin zu sein, doch irgendwann musste ich aufgeben – die Belastung durch Reizüberflutung war zu groß geworden. Meine Kollegen haben mich ausgelacht und die Kapitulation*

darauf geschoben, dass ich eine Frau bin und deswegen der Beruf nichts für mich sei. Aufgrund von Hochsensibilität Sexismus ausgesetzt zu sein, war sehr schmerzhaft."

Isabelle, heute Projektleiterin

„Ich erinnere mich, dass ich nie Zeit für mich allein hatte. Ich bin der Vierte von fünf Geschwistern, habe mir mein Zimmer mit meinem Bruder geteilt. Als ich meine Ausbildung zum Zahntechniker begann und viel lernen musste, kam die Zeit zur Entspannung viel zu kurz. Schon immer litt ich unter der Lautstärke zuhause, ich habe eine sehr laute Familie. Ich weiß noch, dass ich mich als Kind sogar unter dem Bett versteckt und mir die Ohren zugehalten habe. In der Ausbildung zum Zahntechniker war dann noch zusätzlich die Lautstärke in der Klasse sehr belastend, von den Praktikumszeiten ganz zu schweigen. Ohne Ruhezeiten für mich als Hochsensiblen kaum zu ertragen. Ich weiß nicht, wie ich diese Zeit überstehen konnte, meine Noten haben dies auch widergespiegelt. Zum Glück habe ich heute eine wunderbare Stelle, wohne alleine und arbeite auch nicht in Vollzeit."

Dirk, Zahntechniker

Erinnerungen

- ⇨ Wie empfandest du deine Schul- und Lehrzeit?
- ⇨ Fallen dir Momente ein, in denen du dich selbst nicht verstehen konntest, nun aber einen Zusammenhang zu Hochsensibilität entdeckst?
- ⇨ Wie kannst du aufgrund dessen mit einigen schmerzhaften Erlebnissen Frieden schließen?
- ⇨ Befindest du dich aktuell in einem Arbeitsverhältnis und/oder Umfeld, welches dir aufgrund deiner Hochsensibilität mehr schadet als guttut? Was könntest du nun anders machen, als du es damals als sehr junger Mensch gehandhabt hast?

Endlich erwachsen – und jetzt?

Die Herausforderungen werden nicht kleiner – im Gegenteil. Nun ist das Erwachsenenalter erreicht, Überlebensstrategien haben sich verfestigt, Muster sich eingebürgert und die inneren und äußeren Konflikte bleiben bestehen. Viele hochsensible Menschen kommen gut zurecht, wenn sie in einem für sie passenden Umfeld leben und arbeiten. Doch in unserer Gesellschaft wandelt sich das Bild langsam und es wird erst tröpfchenweise für viele Menschen erkennbar, welch eine wundervolle Gabe die Hochsensibilität ist.

Der Mensch ist in seinem tiefsten Kern höchst empfänglich für Verbindung und Beeinflussung durch unterschiedlichste Reize. Hochsensible Menschen erinnern uns daran und spiegeln uns die Bereiche, in denen wir vielleicht abgestumpft sind oder mit unseren Gefühlen nicht ganz und gar in Verbindung stehen.

Oft erleben Hochsensible, dass andere schnell ungeduldig mit ihnen werden und sich nicht besonders gut in ihre Bedürfnisse hineinversetzen können. Sie erleben Ablehnung, Ärger, Frust, bis hin zu Ausgrenzung und Vorurteilen, die sich auf ihre Empfindsamkeit beziehen. Der Grund dafür liegt oft darin, dass sich weniger sensible Menschen getriggert fühlen: Ein hochsensibler Mensch ist ein sehr deutlicher und drastischer Spiegel für die Gleichgültigkeit, Mattheit und Müdigkeit, die oft in unserem sozialen Miteinander herrscht. Der hochsensible Mensch erlebt täglich, wovor so viele davonlaufen:

Ungeliebte Gefühlsregungen wie Frust, Überforderung, Hilflosigkeit, Ohnmacht, Wut und Furcht. Schwierigkeiten mit Anpassung und der Schnelllebigkeit unserer Zeit. Verletzlichkeit im Umgang miteinander. Die Scham des Andersseins. Insbesondere da, wo Leistung gefragt ist und die Seele des menschlichen Wesens nicht im Vordergrund steht, sind Hochsensible stark herausgefordert, sich immer wieder von ihren wahren Empfindungen entfernen zu müssen, die sie später umso stärker wieder überfluten, oder aber sie können gar nicht erst mithalten.

Unsere Gesellschaft braucht die Hochsensibilität. Dringend. Sie weist uns darauf hin, dass eine tiefergehende Forschung nach den wahren Bedürfnissen des Menschen an vielen Stellen im Alltag nötig ist sowie eine klare, handfeste Umstrukturierung an vielen Stellen, die nicht mehr die Gleichschaltung und Leistungsfähigkeit betont, sondern individuellen Spielraum lässt, auch und besonders für das menschliche Erleben dort, wo stets Wandel und Bewegung herrschen. Wenn bereits im Kindes- und Schulalter dafür gesorgt wird, dass sich die Umgebung den seelischen Landschaften der Kinder und Jugendlichen anpasst, anstatt diese möglichst gleichsam eine Vielzahl von Lebens- und Lerntests bestehen zu lassen, die ihrem individuellen Gemüt vielleicht gar nicht entsprechen, kann die Grundlage dafür gelegt werden, dass wir als Erwachsene zu unserer Sensibilität stehen und diese frei vertreten können.

Nun geht es also daran, die festgefahrenen Gewohnheiten und Muster langsam aufzuweichen und zu lösen, um einen neuen Zugang zur Verbindung zwischen deiner Hochsensibilität und deiner Umwelt zu finden. Sowohl du selbst als auch deine soziale Umgebung können dazu eine Menge beitragen.

Ich stehe zu mir!

Ein erster Schritt zur gegenseitigen Verständigung ist, dich selbst tief mit dir ins Reine zu bringen. Im vorherigen Kapitel hast du die Anregung erhalten, deine Eltern und Bezugspersonen dazu zu befragen, wie sie mit deiner Hochsensibilität umgegangen sind.

Erforsche deine Vergangenheit und die daraus resultierenden Glaubenssätze. Wenn du sie kennenlernst, kannst du ein Gefühl für deine Verletzlichkeiten und Unsicherheiten in Bezug auf deine Sensibilität entwickeln, welches dir hilft, dich selbst genauso anzunehmen, wie du bist.

Es ist ein bedeutender Unterschied, hochsensibel zu sein – oder aber sich dafür zu schämen, weil im Vorfeld der Vergangenheit damit nicht respektvoll, achtsam und liebevoll umgegangen wurde.

In vielen Fällen bist du wahrscheinlich gar nicht schnell beleidigt oder gekränkt, weil du hochsensibel bist – sondern, weil du eventuell bloßgestellt wurdest und dadurch gelernt hast, dich mit beleidigt sein und ablehnender, gekränkter Haltung zu schützen.

Du bist vielleicht gar nicht penibel, weil du hochsensibel bist, sondern weil damals niemand darauf Rücksicht genommen hat, dass du gerne in einem sauberen und ordentlichen Umfeld lebst, weil dich Unordnung als Kind überreizt und überfordert hat. Vielleicht musstest du in deinem familiären Umfeld permanent gegen Windmühlen kämpfen und dein Rufen wurde nicht gehört – also hast du begonnen, alles selbst zu machen und akkurat Ordnung zu halten, wo es nur ging – um dein Umfeld auszugleichen und dir selbst damit zur Hilfe zu kommen.

Du bist vielleicht nicht wütend, weil du hochsensibel bist, sondern weil du damals viel geweint hast und dein Umfeld sich darüber geärgert hat, du warst zu viel. So wandelte sich die natürliche Trauer, die sich durch deine Sensibilität an vielen Stellen zeigte, in Wut um.

Diese Beispiele verdeutlichen, wie stark dein Umfeld zum Erscheinungsbild deiner Hochsensibilität beiträgt.

Deine tieferen Überzeugungen hinsichtlich dir selbst zu benennen, kann dir helfen, wieder zu deinen ursprünglichen, natürlichen Gefühlsregungen und natürlichen Grenzen zurückzufinden.

Hier findest du einige Beispiele möglicher negativer Glaubenssätze, die Hochsensible oft mit sich herumtragen:

- ich bin zu empfindlich
- ich bin anstrengend
- ich bin nervig
- ich bin zu viel
- ich bin kompliziert
- ich zerstöre die Atmosphäre
- wegen mir macht es keinen Spaß

➢ ich mache das Leben der anderen schwer
➢ ich finde nie einen Partner
➢ ich bin von Natur aus ein Außenseiter
➢ ich muss immer leiden

> **Tipp**
>
> Begib dich mit deinen Glaubenssätzen in deine Vergangenheit und finde, wenn möglich, zu jedem einzelnen Glaubenssatz ein Ereignis, bei welchem er sich geformt hat oder bei dem er gefestigt wurde.
>
> Findest du auch in deiner Gegenwart Begebenheiten und Zustände, die diese Glaubenssätze unterstreichen? Welche sind es?
>
> Als Nächstes schreibe auf, wie du dich vermutlich verhalten würdest, wenn dieser Glaubenssatz nicht aktiv wäre. Wie würdest du beispielsweise im Kontakt mit deinen Eltern stehen, wenn du nicht glaubtest, du würdest ihnen bis heute das Leben schwer machen?
>
> Welche Überzeugung und innere Wahrheit würdest du leben, wenn du nicht glaubtest, immer leiden und verlieren zu müssen? An welcher Stelle würdest du eine lustige Aktion ins Leben rufen, wenn du nicht glaubtest, Spaßverderber Nummer Eins zu sein? Was findest du interessant, spaßig und lustig? Worüber musst du lachen? An welchen Stellen wärest du gerne mehr und lauter, sichtbar und möchtest dich zeigen, doch hältst dich zurück, weil du fürchtest, zu viel zu sein?

Wenn du dich mit deinen negativen Glaubenssätzen beschäftigt hast, ist es ratsam, neue, positive Überzeugungen zu etablieren, die deine Hochsensibilität als Gabe und Wunder feiern und dir helfen, stolz darauf zu sein und gesund in Selbstliebe zu dir zu stehen. Überall dort, wo sich etwas Altes auflöst, möchte etwas Neues geboren werden. Unsere heutige Zeit braucht Menschen, die hochsensibel und stark empfindsam sind und dazu stehen. Sie zeigen uns, wo wir achtsamer, stiller, präsenter und weicher werden können und uns mit unserem Frust und Ärger beschäftigen müssen, der doch nur zeigt, wo wir unserer Verletzlichkeit hilflos gegenüberstehen. Du als hochsensibler Mensch kannst ein Wegweiser in ein Miteinander sein, welches diese alten Glaubenssätze überflüssig macht.

Hier findest du einige positive Überzeugungen, die du aufschreiben und an denen du dich orientieren kannst. Beim Lesen kannst du darauf achten, welche dich bewegen, was du dir wünschst und welche dir selbst vielleicht noch einfallen:

- ich bin ein Gewinn
- ich bin innerlich vielfältig
- es ist ein großes Abenteuer, mit mir zusammen zu sein
- ich bringe spannende Perspektiven
- ich bin inspirierend
- ich bin interessant und aufregend
- ich schaffe echte Verbindung
- ich finde einen Partner, für den ich mich nicht verbiegen muss
- ich darf mit allen meinen Empfindungen sein
- mein Empfinden ist ein wertvoller Sensor

Inspirationsbox „Ich bin es mir wert"
Positive Affirmationen

Ich bin es mir wert …
- ⇨ meinen Alltag so zu gestalten, dass ich hochsensibel sein kann, ohne darunter zu leiden
- ⇨ Freunde zu haben, die mich lieben, wie ich bin

> ⇨ Hochsensibilität als Thema meines Lebens nicht an den Rand zu drängen
> ⇨ die positiven Aspekte von Hochsensibilität in meinem Leben willkommen zu heißen
> ⇨ mich als normal zu betrachten
> ⇨ immer wiederkehrende, überfordernde Situationen umzustrukturieren
> ⇨ Schönheit und Entspannung als erstrebenswert zu erachten
> ⇨ mich nicht mit weniger sensiblen Menschen zu vergleichen
> ⇨ mich weniger zu entschuldigen

Steh du zu mir!

Für eine Veränderung in deinem Leben ist es wichtig, dass du dich mit Menschen zusammentust, die gemeinsam mit dir dasselbe Ziel verfolgen. Mit anderen Hochsensiblen kannst du dich austauschen und immer wieder erleben, dass du nicht im negativen Sinne speziell oder auf eine Weise anders bist, die dich ausgrenzt. Außerdem erhältst du an diesen Stellen die Empathie und zwischenmenschliche Verbindung, die du brauchst, um genährt und seelisch gesund zu sein.

Aber auch Menschen, die nicht hochsensibel sind, können wundervolle Wegbegleiter sein. Besonders deine Freunde und Familienmitglieder müssen dich nicht in allem verstehen, um dich so annehmen zu können, wie du bist.

„Steh du zu mir!" ist ein Wunsch, den du immer wieder formulieren kannst. Mach deutlich, dass du dir wünschst, angenommen zu sein. Sprich mit deinen Mitmenschen über deine Empfindungen, deine Ruhebedürftigkeit, bestimmte Sensibilitäten im Bereich der äußeren Reize, Ungesagtes, das im Raum schwebt. Erzähle vom Konzept der Hochsensibilität, welches deinen Mitmenschen helfen kann, dich besser zu verstehen. Beachte hierbei, dass du informativ und offenen Herzens kommunizierst und nicht belehrend wirkst. Doch du kannst und darfst erwarten, dass du dich nicht länger verbiegen musst, um gemeinsam mit deinem engen sozialen Umfeld einen Raum zu schaffen, in welchem du als Hochsensibler vollkommen normal leben kannst.

Manchmal ist es auch wichtig, sich zu distanzieren. Insbesondere Eltern und nahe Verwandte haben oft Schwierigkeiten damit, Hochsensibilität als Spiegel für ihr eigenes Sein auszuhalten, anzunehmen oder sich reflektiert damit auseinanderzusetzen, um dann in respektvoller Weise mit dir umzugehen. Es ist wichtig, zu betonen, dass weder deine Mitmenschen noch du selbst Schuld tragen, wenn die Verständigung nicht funktioniert. Opfer- und Täterbeschuldigungen können sich schnell entwickeln und auch als Hochsensibler kannst du je nach Dynamik in der einen oder anderen Ecke landen.

Gegenseitige Verständigung ist möglich, wenn beide Seiten es wollen. Betrachte daher dein Umfeld eingehend und prüfe, welche Haltung deine Mitmenschen gegenüber dem Thema Hochsensibilität einnehmen. Sind sie verständnisvoll und neugierig, offen für einen Diskurs und vor allem offen dir gegenüber, als Individuum? Oder fällt es ihnen grundsätzlich schwer, andere Empfindungsweisen nachzuvollziehen oder zumindest anzuerkennen und sich zu bemühen, Rücksicht zu nehmen?

Im nächsten Schritt kannst du dich selbst hinterfragen: Wie möchtest du mit deiner Hochsensibilität umgehen? Möchtest du dazu beitragen, dass Verständigung zwischen dir und weniger sensiblen Menschen stattfindet? Bist du bereit, in den Diskurs zu gehen und auch trennende Aspekte auszuhalten? Möchtest du dich aktiv daran beteiligen, dass Hochsensibilität in unserer Gesellschaft als normal gilt und Brücken schlagen?

Oder spürst du, dass dir der Umgang zu weniger sensiblen Menschen sehr schwerfällt und du auch wenig Sinn darin siehst?

Fühlst du dich wohler bei dem Gedanken, dich mit Gleichgesinnten und ähnlich empfindenden Menschen zu umgeben, wo auch das Thema *Grenzen setzen* vielleicht gemeinsam anders angegangen werden kann?

Beide Herangehensweisen sind legitim und nachvollziehbar. Jeder Mensch positioniert sich mit seinen persönlichen Charaktereigenschaften und Haltungen in dieser Welt anders. Warum es trotzdem wichtig ist, sich darüber Gedanken zu machen, liegt an folgendem Hintergrund:

Wenn du dich beispielsweise entscheidest, dich vorrangig mit anderen Hochsensiblen zu umgeben und die „andere Welt" etwas außen vor zu lassen, entsteht unter Umständen ein starkes Gefühl der Trennung und des Andersseins, was die Herausforderung verstärken kann, dich trotzdem sicher im Umfeld mit Nicht-Hochsensiblen zu bewegen – ganz zu vermeiden ist es nie. Entscheidest du dich dagegen, mit Nicht-Hochsensiblen in regelmäßigem Diskurs und auch engen Verbindungen zu stehen, besteht die Gefahr, dass du dich zu oft nicht wirklich erkannt und verstanden fühlst und regelmäßig in Erklärungsnot gerätst, tiefe Verbindung und Nähe vermisst.

Es steht daher nicht unbedingt eine Entscheidung für die eine oder andere Option an, sondern eine liebevolle Auseinandersetzung mit dem Thema *Andersartigkeit und Gleichheit*. Gegenseitiges Verständnis, Annahme, das Thema *Kommunikation*, die Gestaltung naher Beziehungen, all das kommt auf den Tisch und wird im Zuge deiner Beschäftigung mit Hochsensibilität von Bedeutung. Es geht im Kern darum, für dich einen Standpunkt zu finden, der mit deiner individuellen Ausprägung von Hochsensibilität und auch mit deinen Werten und dem Fokus in deinem Leben vereinbar ist.

Wir arbeiten gemeinsam an neuen Strukturen

Hochsensibilität muss gesellschaftsfähig werden – nicht zuletzt aus dem Grund, dass weit mehr Menschen hochsensibel sind, als wir vielleicht vermuten würden. Viele Menschen verstecken sich immer noch vor sich selbst und vor anderen und zeigen unter anderem sogar Symptome, die erst dadurch entstanden sind, dass sie überhaupt versuchen, ihre Empfindungen abzuschalten oder irgendwie damit zu überleben. Wenn sein darf, was ohnehin da ist, kann Hochsensibilität ein neues Normal werden. Das Konzept und der Begriff der Hochsensibilität besteht unter anderem, weil es nicht als normal gilt und daher explizit besprochen und bearbeitet werden muss.

Wenn wir tiefer verstehen, was uns im Umgang mit Hochsensibilität bei uns selbst und anderen im Kontext zu unserer Außenwelt schwerfällt, können wir daran arbeiten, die Umgebung zu verändern, anstatt zu versuchen, den Menschen zu verändern und etwas aus ihm herauszupressen, was nicht seiner Natur entspricht.

Folgende Punkte sind im Zusammenhang mit Hochsensibilität für viele Menschen schwer mit ihrer Sensibilität zu vereinbaren:

> ➤ Viele Hochsensible haben Schwierigkeiten mit den Gegebenheiten am Arbeitsplatz. Die Organisation des frühen Arbeitsbeginns und der langen Arbeitszeiten passt oft nicht zu dem Bedürfnis vieler Hochsensibler, den Tag entspannt und ruhig zu beginnen. Auch für empfindsame Kinder ist der frühe Schulbeginn oft eine Qual, die kurze Phase vom Aufwachen bis zur Anwesenheit im Klassenraum, umgeben von vielen Menschen, Lärm und direkter Leistungsanforderung geht an ihrem natürlichen Potential vorbei. Viele hochsensible Kinder würden besser lernen, wenn sie ihre Lernumgebung selbst wählen, den Stoff adäquat zu ihrer inneren aktuellen Verfassung aussuchen und bearbeiten könnten und den Leistungsdruck nicht direkt spüren müssten. Viele alternative Schulkonzepte bilden daher eine beliebte Anlaufstelle für Eltern mit hochsensiblen Kindern, die dort aus sich heraus aufblühen können.

> ➤ Künstliche Umgebung: Hochsensibilität ist in einer Umgebung, die künstlich und weit weg von der Natur konstruiert wurde, oft stärker ausgeprägt. Hochsensiblen fehlt der innere Filter, um all die Reize, die durch eine sehr bewegte, grelle und künstliche Welt (Beispiel Supermarkt, Inter-

net, Hochhäuser, Stadtleben) entstehen, zu verarbeiten. In einer Umgebung, die von einem natürlichen, naturnahen Umfeld geprägt ist und daher mehr Ruhe, Gelassenheit und Langsamkeit sowie weniger unnatürlich grelle visuelle Reize birgt, kann ein hochsensibler Mensch besser bei sich bleiben und sich mehr an seiner inneren Uhr ausrichten, die der Geschwindigkeit der Natur oft viel näher ist als der von Menschen gemachten Schnelllebigkeit.

➢ Möglichkeiten für die Zukunft: Die allgemein anerkannten möglichen Zukunftsaussichten setzen viele Hochsensible stark unter Druck. Es geht um Aufstieg, Leistung, mehr, schneller, höher, weiter. Wer sich diesem Druck entzieht, das geht auch weniger sensiblen Menschen so, gerät automatisch etwas an den Rand und darf seine Nische finden, in der er fernab all dessen seine individuelle Art, zufriedenstellend zu leben, finden kann. Hochsensible begleitet in diesem Prozess beständig die Frage „Wie soll meine Zukunft aussehen?" oder auch die Frage danach, wie sie möglichst sanft ihr Leben in eine Richtung drehen können, die ihrer Natur und ihrem Potential entspricht. In der Schule und der Ausbildung ist eine bestimmte Richtung vorgegeben, der zu folgen im Alltag in sich schon herausfordernd ist. Doch die Richtung gegebenenfalls zu ändern, bedeutet einen zusätzlichen Kraftakt. Es bleibt die Anforderung, in all diesen Prozessen noch genügend Raum zu finden, anstelle eines Burnouts oder Resignation genug Ruhephasen zu finden, um den eigenen Weg stabil durch diesen inneren Wandel zu entdecken.

Werte helfen bei der Ausrichtung

Deine Werte spielen auch eine wichtige Rolle hinsichtlich eines gesunden, dir entsprechenden Alltages und einer Positionierung zum Thema *Beziehungen und Diskurs*. Sie helfen dir, herauszufinden, wie du leben möchtest und wie vor allem die einzelnen Schritte aussehen mögen, denn bekanntlich ist der Weg das Ziel. Für Hochsensible ist dieser Spruch umso wahrer, je mehr sie sich dessen gewahr werden, dass die Energie, die sie auf dem Weg investieren, gut angelegt sein muss, um innerlich gesund und resilient zu sein.

Deine hochsensible Veranlagung kann dir effektiv dabei helfen, deine tiefsten Werte herauszukristallisieren. Es kann sogar sein, dass du gerade dann besonders hochsensibel reagierst, wenn deine inneren Werte nicht dem äußeren Erleben entsprechen. Beobachte dieses Phänomen einige Tage lang, wenn du magst.

Hier findest du einige Erlebnisberichte dazu:

Sarina, 28 Jahre:

„Mir ist das Thema Nachhaltigkeit besonders wichtig. Ich spüre Ärger und Verzweiflung, wenn mir im Alltag bewusstwird, wie verschwenderisch und lieblos wir mit der Natur umgehen. Da ich hochsensibel bin, ist der Gang zum Supermarkt unabhängig davon für mich eine wahre Tortur. Alles dort strengt mich an: Die vielen Menschen, die oft schlechte Stimmung, die unendliche Auswahl an Lebensmitteln, Firmen, Regalen und Gängen, das grelle Licht, die Werbung, all die Farben. Bis ich an der Kasse ankomme, bin ich bereits schon völlig entkräftet. Das zeigt sich bei mir durch plötzliche Müdigkeit und dem Gefühl von Erschöpfung. An der Kasse betrachte ich dann die Waren, die meine Vorgänger aufs Band legen und werde plötzlich erneut mit dem inneren Schmerz konfrontiert, der auftaucht, sobald mir klar wird, woher das alles kommt, wie es produziert wurde und wie ungesund wir uns meistens ernähren. Dann werde ich wütend und verzweifelt. Im Zusammenhang mit der Erschöpfung ist das ein ungünstiger Cocktail, von dessen Genuss ich mich für den Rest des Tages erholen muss."

Antonia, 32 Jahre:

„Ich bin besonders sensibel, wenn es um das Thema Mitmenschlichkeit geht. Sowohl aufgrund der Hochsensibilität, die sich zeigt, wenn Konflikte lautstark ausgetragen werden und viele durcheinander sprechen, als auch thematisch, wenn es darum geht, das Leid eines Menschen zu verstärken oder zu verringern. Mobbing war ein großes Thema für mich in der Schule. Ich selbst wurde nicht gemobbt, doch eine meiner Mitschülerinnen litt sehr darunter. Ich war täglich bemüht, sie zu beschützen. Wenn ich beobachtete, dass die anderen

sie verbal attackierten, wurde ich gleichzeitig unendlich wütend, fühlte mich aber auch ohnmächtig, da ich plötzlich alles auf einmal wahrnahm: Nur noch zwei Minuten, bis die Pausenglocke klingelt, wie sollen wir die Situation in dieser kurzen Zeit lösen? Dort hinten spielt eine Gruppe Fußball, sie sind so furchtbar laut. Ich habe meine Mathehausaufgaben noch nicht geschafft und fühle mich unter Druck gesetzt. Alles wuselt durcheinander. Ich beginne zu schwitzen, meine Haare sind im Weg, ich möchte nur noch davonlaufen – dabei ist alles, was ich in diesem Moment wirklich will, meiner Mitschülerin zu helfen. Doch die Eindrücke, die alle plötzlich auf mich einprasseln, machen mich vollkommen handlungsunfähig. Ich stehe nur mitten auf dem Flur und kann mich nicht rühren."

Oliver, 35 Jahre:

„Meine Werte sind Gesundheit und Kraft. Es ist mir unendlich wichtig, fit und voller Power durch den Tag zu kommen. Dazu mache ich viel Sport und ernähre mich gesund. Ich bin jedoch auch hochsensibel und lebe in einer Stadt, in der es schwer ist, einen Ort zu finden, mich draußen sportlich zu betätigen, an dem sich nicht so viele Menschen aufhalten. Jedes Mal stehe ich vor der Entscheidung, ob ich es aktuell gut verschmerzen kann, mich für die kommende Stunde körperlich zu ertüchtigen, was schon viel Energie verbraucht, und mich gleichzeitig dem Lärm und der Geschäftigkeit um mich herum auszusetzen. Ich komme mir fast ein bisschen verblödet dabei vor, wenn ich versuche, zu beschreiben, wie es mir damit ergeht, meine Werte von Gesundheit und Fitness in meinem Leben zu verankern. Andere denken über die äußeren Gegebenheiten wohl kaum nach, sie gehen einfach ins Fitnessstudio, schließen ihre Sachen im Spind ein und spazieren gemütlich von einem Gerät zum anderen. Ich muss die Stoßzeiten auslassen und daher oft noch vor der Arbeit morgens um sechs Uhr Sport machen, wenn ich das Studio wähle. Nach Feierabend im Park joggen zu gehen, ist für mich nach einem langen Arbeitstag kaum zu ertragen. Um aus der Stadt herauszufahren, muss ich einen langen Fahrtweg auf mich nehmen, der mich zusätzlich erschöpft. Nicht zu vergessen die Mühen, die mein Körper auf sich nimmt, die sportliche Betätigung nebenbei zu verarbeiten. Sport sollte entspannend wirken und sich gesundheitsfördernd auswirken. Doch wenn man hochsensibel ist, spielt die Umgebung eine bedeutende Rolle, damit es nicht einfach nur übermäßig stressig wird."

Nicole, 30 Jahre:

Ich liebe es zu reisen. Freiheit ist mein oberstes Gebot. Wenn ich mich auf dem Highway oder im Flugzeug befinde, bin ich glücklich – zumindest theoretisch. Aufgrund der Hochsensibilität ist das Reisen für mich ebenso anstrengend wie wunderschön. Ich kann nicht einfach jegliches Motel mit Mehrbettzimmern auswählen oder inmitten einer Stadt eine entspannte Pause machen. Überhaupt schlafe ich in fremden Betten sehr schlecht. Wenn mir unterwegs das Geld ausgeht, ich etwas verliere oder anderweitig aufgehalten werde, bricht mir der pure Stressschweiß aus. Befinde ich mich dann noch in einer sehr belebten Umgebung und habe zusätzlich Hunger oder Durst, bin ich nach kurzer Zeit völlig am Ende. Das Reisen muss bei mir gut geplant sein. Bequeme Kleidung, eine Schlafmaske für absolute Dunkelheit in der Nacht, Ohrstöpsel gegen den Lärm, eine Powerbank für weniger Stress, wenn der Akku meines Handys schwach wird - einfach loszuziehen ist bei mir nicht drin. Ich habe schon viele Kurztrips mit Freunden im Jugendalter verpasst, weil ich mich nicht dazu überwinden konnte, es zu ertragen, übermüdet auf der Autobahn in einem überfüllten Kleinwagen nach Holland zu fahren, dort nicht zu wissen, wann ich allein sein und mich ausruhen kann."

Merle, 33 Jahre:

„Mein wichtigster Wert ist Authentizität. Ich bin nicht nur hochsensibel, sondern auch extrem empathisch. Für mich ist folgende Situation kaum auszuhalten: Ich sitze mit meinen Schwiegereltern am Tisch und spüre, es gibt etwas zu besprechen. Niemand traut sich, das Gespräch zu eröffnen, der Smalltalk zieht sich endlos hin. Ich nehme eine Frequenz des Misstrauens wahr, etwas wird mir unterstellt, ich spüre die Stimmung unangenehm in meinem Bauch, ich schwitze, mir wird schlecht. Nebenbei tischt meine Schwiegermutter immer mehr Essen auf, ich beginne zu essen, obwohl ich satt bin, weil ich das Gefühl zum Schweigen bringen möchte. Die Stimme meines Schwiegervaters dröhnt laut und dunkel durch den Raum, drüben bei den Nachbarn schreit ein Kind unentwegt. Ich würde am liebsten auf den Tisch hauen und sagen: Kann mir mal endlich jemand mitteilen, was hier los ist?

Für mich sind oberflächliche Gespräche viel anstrengender, als schwierige Themen gemeinsam anzupacken und dabei wahrhaftig und authentisch zu sein. Hauptsache, ich muss nicht pausenlos angespannt, mit Magenschmerzen und eng schnürender Jeans weiter dasitzen und hoffen, dass die Zeit schneller vergeht. Wenn es nicht möglich ist, auf den Punkt zu kommen, ist mir am ehesten danach, mich auf der Toilette zurückzuziehen und einige Minuten lang durchzuatmen, ich zu sein, Authentizität zu tanken. Ich möchte üben, meinen Wert der Wahrhaftigkeit auch in einem solchen Umfeld zu leben."

> **Tipp:**
>
> Lege eine Liste von Werten an, die besonders in Bezug auf Hochsensibilität für dich von Bedeutung sind. Gestalte die Liste so, dass drei Grundwerte als Basis dienen, die von weiteren Werten ergänzt werden, mit denen du deine Grundwerte untermauern kannst.
>
> Hier findest du eine Liste von Werten, aus der du dich bei Bedarf bedienen kannst:
>
> | **Grundwerte** | **Ergänzende Werte** |
> |---|---|
> | ⇨ Freiheit | ⇨ Finanzielle Sicherheit |
> | ⇨ Integrität | ⇨ Gesundheit |
> | ⇨ Wahrheit | ⇨ Kreativität |
> | ⇨ Freundlichkeit | ⇨ Verletzlichkeit |
> | ⇨ Dankbarkeit | ⇨ Empathie |
> | ⇨ Zufriedenheit | ⇨ Gelassenheit |
> | ⇨ Hingabe | ⇨ Selbstakzeptanz |
> | ⇨ Frieden | ⇨ Besonnenheit |
> | ⇨ Ruhe | ⇨ Spaß |
> | ⇨ Glaube | ⇨ Leichtigkeit |
> | ⇨ Hoffnung | ⇨ Nachhaltigkeit |

Du kannst eine Liste von Werten beliebig fortführen und auch im Internet zur Inspiration fündig werden. Beispiel: www.wertesysteme.de

Wichtig ist, dass du bei der Wahl deiner Werte darauf achtest, was dich persönlich wirklich bewegt und anspricht. Beachte dabei folgende Fragen:

- ➢ Welche Werte habe ich bereits verinnerlicht und lebe sie?
- ➢ Welche Werte möchte ich gerne in Zukunft in meinem Leben verankern?
- ➢ An welchen Punkten lebe ich nicht meinen Werten entsprechend?
- ➢ Inwieweit bezieht sich das auch auf die Akzeptanz und Miteinbeziehung der Hochsensibilität? Wo gehe ich konstant über mich und meine Werte hinweg?
- ➢ Welche alten Glaubenssätze halten mich davon ab, meinen Werten nicht treu zu sein?
- ➢ Was kann ich in den kommenden zwei Wochen aktiv verändern, um meine Werte neu an die erste Stelle zu setzen?

Deine tiefste Persönlichkeit möchte sich durch deine gelebten Werte offenbaren. Du sehnst dich danach, von innen nach außen zu leben und trotz, nein, gerade mit Hochsensibilität in deiner Umwelt einen relevanten Unterschied zu machen. Wenn Hochsensibilität und ein entsprechender Wertekodex in deinem Leben Hand in Hand gehen, bilden sie die Basis dafür, dass alles, was in dir brennt, was du der Welt schenken möchtest, mit deinem persönlichen Fußabdruck versehen ist.

Ziele und Umgebung entsprechend deinem Potential

Ich stehe zu mir, stehe du zu mir - diese gemeinsame Ausrichtung verlangt nach einer Basis. Worauf richten wir uns gemeinsam aus? Nach dem, was ist – oder nach dem, was sein kann? Deine Werte hast du bereits festgelegt und erforscht, deinen Prozess in der Annahme der Hochsensibilität begonnen. Wie kannst du nun erfüllt leben?

Ziel ist es, aus dem, was ist, werden zu lassen, was sein kann. Dein Potential ist die Initialzündung eines erfüllten Lebens auf Basis deiner Hochsensibilität und deiner Werte.

Ein hochsensibler Mensch kann, sofern er sie nutzt, seine Empfindsamkeit dazu nutzen, sein Potential klar und stark vor sich zu sehen. Hochsensibilität ist nicht nur die Empfindsamkeit für Reize, sondern auch für besondere Stimmungen, Möglichkeiten, die plötzlich im Raum stehen, Fenster, die sich im unsichtbaren Raum öffnen. Das ist kein Hokuspokus, sondern eine Sensibilität für alles, was im eigenen Raum geschieht und an dich herangetragen wird.

Erlebst du öfter ein Gefühl der Überforderung und Überreizung, obwohl gar nicht so viel geschehen ist? Hast du den Eindruck, die Stimmung in dir und um dich herum ändert sich schnell, selbst kleine Nuancen vernimmst du sehr deutlich? Dann bist du auch hochsensibel für das, was im unsichtbaren Raum in den Menschen und in der kollektiven Wahrnehmung geschieht.

Neue Informationen über eine Situation ändern die Wahrnehmung und die Gefühlslage. Stimmungen anderer Menschen beeinflussen uns mit. Selbst neue Gedanken verändern das Lebensgefühl.

Daher ist es so wichtig, dass du deine Ziele kennst und deine Umgebung danach ausrichtest, was du erreichen möchtest. Wenn du spürst, dass du positiv empfindsam auf eine Gegebenheit reagierst, kannst du nach Möglichkeiten suchen, diese Situation zu bestärken und wachsen zu lassen. Wenn du negativ und belastet reagierst, kannst du dich bewusst in eine andere Richtung wenden, die dir guttut.

„Ich arbeite stetig daran, meine Umgebung so zu gestalten, dass sie meinem Potential dient. Ich bin so sensibel, habe das Gefühl, selbst eine kleine, unscheinbare Veränderung kann mich negativ beeinflussen, wenn sie nicht das Potential anspricht, das in mir lebendig ist. Wenn ich morgens aufstehe, möchte ich zwar nicht den ganzen Tag durchtakten, doch ich reflektiere genau, in welcher Stimmung ich mich befinde und welche Erfahrungen ich heute machen möchte, die mich ermutigen. Zudem arbeite ich innerlich heraus,

welche Wiederholung von gestern ich nicht mehr machen möchte, die mir nicht guttut. Auch die Menschen in meinem Umfeld sind dafür sehr wichtig. Es kann durchaus sein, dass ich mich selbst bei meiner engsten Freundin einige Tage lang nicht melde, wenn ich mich in einem inneren Wachstumsschub befinde und sie in einer Stimmung feststeckt, die mich bedrückt. Das bedeutet nicht, dass ich meine Freunde nur dann um mich haben möchte, wenn es mir gut geht – im Gegenteil. Ich möchte für die Menschen da sein, die ich liebe. Und dennoch - manchmal muss ich gerade deswegen gut auf mich achten und mein Bedürfnis an die erste Stelle setzen. Erst, wenn ich wieder sicher geerdet und stabil bin, kann ich mich hingebungsvoll den Menschen zuwenden, die Unterstützung oder Liebe benötigen."

Sabrina, Beraterin

„Mein Ziel ist es, dauerhaft ein Leben zu führen, welches mir Energie und Freude schenkt, anstatt mich auszulaugen. Ich möchte mehr Kraft, mehr Energie, mehr Tiefe. Ich kann nicht akzeptieren, dass ich als Hochsensible mit den Jahren immer empfindlicher werde und mich immer mehr abschirmen muss, weil meine Umgebung nicht zu mir passt. Ich will mehr. Mehr Reife, mehr Verbindung, mehr Freundschaft und auch mehr Erlebnisse. Doch sie sollen zu mir passen. Ich möchte eine inspirierende hochsensible Frau sein, die für andere ein Vorbild darin ist, dass Empfindsamkeit ein herrlicher Begleiter ist, der das Leben nur noch intensiver und bunter macht. Ich habe dann lieber weniger Aktion, doch mehr Lebendigkeit, weil ich präsent sein kann in dem, was mir guttut."

Maria, Mutter von vier Kindern

„Ich möchte mich mit Menschen umgeben, die in mir nicht nur sehen, was ist, sondern auch, was sein kann. Ich bin es mir wert, Kontakte auszusortieren, die mich als Spiegelfläche benutzen, um mit ihren eigenen ungelebten Gefühlen abzurechnen. Ich bin hochsensibel und das tut mir nicht gut – Punkt. Seit ich mich so positioniert habe, geht es mir viel besser. Es kann durchaus sein, dass ich Menschen manchmal harscher eine Grenze setze, als ich das eigentlich möchte, doch ich lerne lieber innerhalb meines neuen Denkens, respektvoll zu kommunizieren, als weiter beim Alten zu bleiben und immer noch Projektionen abzubekommen. Mein Potential, mich auszuleben, ist

enorm, so empfinde ich das. Doch es braucht auch Raum und Platz, um zur Entfaltung zu kommen. Menschen, die mich darin erniedrigen, nicht ernst nehmen oder in meinem Raum nur von sich sprechen, verschmutzen sozusagen den Boden, auf dem ich gehe – ich möchte sehen, wohin ich meine Schritte setze."

Delia, Angestellte

Wir arbeiten gemeinsam an unserer Kommunikation

Kommunikation ist für Hochsensible einer der wichtigsten Themenbereiche. Daran, wie du mit deinen Mitmenschen kommunizierst, wird deutlich, wo du innerlich stehst. Wie andere mit dir sprechen, zeigt dir deine Schwächen, deine Grenzen, deine Schwierigkeiten, aber auch die Punkte, in denen du reinen Tisch in deinem Leben gemacht hast: Menschen kommunizieren grundsätzlich so mit dir, wie du auch innerlich mit dir selbst sprichst.

Kristina ist als Hochsensible besonders empfindsam gegenüber negativen Stimmungen, die ihr zugetragen werden. Am meisten fürchtet sie, dass andere sie nicht mögen, wütend auf sie sind oder sie wegen eines kleinen Fehlers oder einer Unachtsamkeit entfreunden. Sie wünscht sich nichts sehnlicher als Nähe und Tiefe. Doch ihre Angst, abgelehnt zu werden, führt dazu, dass sie ihre Verletzung ihren Freunden gegenüber oft recht barsch und ihrerseits unsensibel offenbart. Kristina fährt die Stacheln aus und wird selbst unfair mit denen, die sie am meisten liebt, weil sie selbst solche Angst hat, derart behandelt zu werden. Viele ihrer Freunde mussten mehrere Jahre lang um ihr Vertrauen kämpfen und durchlebten mit ihr intensive emotionale Wellengänge, bis Kristina sich langsam in die Verbindung fallen lassen und vertrauen konnte. Nun lernt sie, innerhalb dieser vertrauensvollen Beziehungen die Art zu sprechen an den Tag zu legen, die sie sich selbst wünscht. Sie hat verstanden, dass es nicht förderlich ist, sich von vornherein zu verteidigen und abwehrend zu kommunizieren, doch immer wieder zu erwarten, dass ihr Gegenüber ihr die Verantwortung für die gemeinsame Beziehung gänzlich abnimmt. Kristina muss daran arbeiten, sich in der Kommunikation verletzlich zu machen – auch und gerade, weil diese ihre größte Angst ist. Regelmäßig schwitzt sie, wenn sie in der Begegnung ein heikles Thema ansprechen möchte, manchmal meldet sie sich mehrere Tage lang nicht oder schaltet gar ihr Telefon ab, so groß ist die Angst. Erst, als ihre Freunde ihr konstant mitgeteilt haben, wie sehr dieses Verhalten sie selbst verletzt und sich ihrerseits angreifbar machten, lernte Kristina, dass sie nicht ohnmächtig und hilflos ist. Sie hat die Macht, andere zu verletzen, obwohl sie hochsensibel, an Liebe und Tiefe interessiert und sehr harmoniebedürftig ist. Diese Erkenntnis hat ihr die Augen geöffnet.

Wie Kristina können wir lernen, unserem Gegenüber unsere Ängste in Bezug auf unsere Sensibilität und unsere Verletzlichkeit so mitzuteilen, dass der andere uns versteht und gewillt ist, auf uns einzugehen und ein sicherer Ort zu sein.

Zum einen ist es wichtig, dass du von dir sprichst. Es ist deine Welt, deine Wahrnehmung, es sind deine Gefühle. Mach dir zur Aufgabe, deine Welt sichtbar zu machen, damit andere dich verstehen können. Übernimm Verantwortung dafür, doch so, dass anderen nicht das Gefühl vermittelt wird, sie würden wie der Elefant im Porzellanladen durch deine verletzlichen Seelenpflanzen stampfen und alles plattmachen. Niemand, der an Beziehung interessiert ist, möchte bewusst andere verletzen. Die Menschen in deinem Umfeld möchten dich nicht verletzen. Sie möchten sich schützen. Ebenso wie du. Es gilt, eine Brücke zu bauen und euch gegenseitig zu zeigen, dass ihr einander wohlgesonnen seid.

Dies ist möglich, indem du dir bewusst machst, dass dein Gegenüber nicht für deine Verletzungen verantwortlich ist. Warum? Weil er eigentlich eine Beziehung mit dir möchte (sonst wäre er nicht in deinem Leben präsent) und sich lediglich damit schwertut, sich so zu artikulieren, dass er auf deine zarte Besaitung Rücksicht nehmen und sich dennoch zeigen kann.

Wenn du bei dir bleibst und deinem Gegenüber versicherst, dass er nicht schuld ist, wenn du verletzt bist, weil du ihm nicht unterstellst, ein schlechter Mensch zu sein, kann er sich entspannen und ihr könnt gemeinsam eine fruchtbare Art der Kommunikation trainieren. Ihr könnt euch gegenseitig Rückmeldung geben:

- War es in Ordnung für dich, wie ich es formuliert habe?
- Ich möchte dir gern etwas sagen, was mir auf der Seele brennt, doch ich fürchte, dich damit zu verletzen – ich möchte, dass du weißt, dass ich einfach mein Herz mit dir teilen möchte. Bitte hilf mir, so mit dir zu sprechen, wie du es dir wünschst.
- Ich möchte dir etwas erzählen, doch ich möchte, dass du nur zuhörst und nicht deine eigene Meinung dazu sagst. Ich brauche dein aufmerksames Ohr und deine Präsenz.
- Danke, dass du dich so bemühst, achtsam mit mir zu sprechen. Das tut mir sehr gut.
- So war es großartig! Ich fühle mich bei dir sicher.

Es ist immer hilfreich, miteinander darüber zu sprechen, worum es eigentlich geht.

- Ich möchte eine Beziehung zu dir führen, aber ich fürchte mich immer so sehr davor, mich zu öffnen. Wie geht es dir damit?
- Ich bin hochsensibel und habe oft das Gefühl, dafür verurteilt zu werden. Wie würdest du damit umgehen, wenn ich aufgrund von Überforderung oder Ruhebedürfnis ein Treffen absage, barsch reagiere oder nicht richtig zuhören kann? Was brauchst du von mir, um mit mir in liebevoller Verbindung zu stehen und mich besser zu verstehen?
- Ich wünsche mir, mit meiner Sensibilität angenommen zu sein und mich nicht verstecken oder schämen zu müssen, weil ich vielleicht manchmal Dinge anspreche, die für dich kaum relevant sind. Bitte sei trotzdem ehrlich zu mir, wenn dir etwas zu viel ist – ich möchte nicht mit „Samtpfötchen" angefasst werden, sondern mit Empathie und Anteilnahme. Ich fühle mich im Grunde respektiert und geliebt,

wenn du ehrlich zu mir bist. Es geht nur um das WIE, das für mich einen Unterschied darin bedeutet, wie sicher ich mich dennoch fühlen kann.

Wir arbeiten gemeinsam am Abbau von Vorurteilen

Vorurteile gegenüber Hochsensiblen sind weiterhin weit verbreitet. Hier findest du einige der bekanntesten Vorurteile, die das Leben und die Beziehungen eines Hochsensiblen stark beeinflussen können:

- Hochsensible müssen mit Samtpfötchen angefasst werden – ihnen ist immer alles zu viel
- Hochsensible spielen nur Theater, sie wollen Aufmerksamkeit
- Hochsensible kann man nicht belasten, sie sind eine Belastung
- Hochsensible sind nicht lustig, immer nur auf der Hut und haben keinen Spaß
- Hochsensible weinen ständig
- Hochsensible sind nicht kritikfähig
- Hochsensible beschweren sich häufig und sind undankbar

Ein solches Bild stellt Hochsensibilität als unsympathisches Manko dar, eine fast negative Charaktereigenschaft, die besagt: Hochsensibilität ist vor allem anstrengend - nicht nur für denjenigen selbst, sondern auch für sein soziales Umfeld.

Hier ist es an der Zeit, klar und deutlich zu betonen: Das ist nicht wahr. Wenn ein hochsensibler Mensch „anstrengend" erscheint, liegt dies immer an der Verbindung der beiden Menschen und ihrer Kommunikation, inneren Verletzungen und Projektionen, *nicht* an der Hochsensibilität selbst. Vielleicht passen die beiden Menschen nicht gut zusammen oder es kommt durch die ständige Konfrontation zu häufigen Triggermomenten, die das Gegenüber schwer aushalten kann oder auch nicht möchte. Vielleicht hat der

Hochsensible nicht gelernt, in die Eigenverantwortlichkeit zu gehen und geht davon aus, dass die Welt ihm etwas schuldet - weil er es als Kind so erlebt hat. Er hatte vielleicht besonders verständnisvolle Eltern, die alles von ihm ferngehalten haben, was ihn im Geringsten belasten könnte. Vielleicht hat sich der hochsensible Mensch unbewusst auch Beziehungen ausgesucht, die einem ihm bekannten Bild entsprechen: Von mir sind immer alle genervt, das scheint normal zu sein. Bessere Beziehungen werde ich nicht haben können.

All dies sind alte Muster und Strukturen, die angelernt sind und negative Glaubenssätze bedienen und am Leben erhalten. Die Hochsensibilität selbst aber ist eine Gabe, ein wunderbares Geschenk, eine Möglichkeit, das Leben „mit dem großen Löffel zu essen", wie es ein Tier in dem Film *König der Löwen* ausdrückt. Du fühlst, du spürst, du erlebst, du nimmst wahr, die Dinge dringen zu dir durch, in dich ein, du bist verbunden mit allem um dich herum. Welch eine wundervolle Perspektive auf deine Empfindsamkeit. Nun geht es vor allem darum, an die Stelle der fehlenden Filter, die zu regelmäßiger Überforderung und Reizüberflutung führen, gesunde Grenzen zu platzieren, die es möglich machen, Hochsensibilität und damit auch gelingende Beziehungen, Erfolg, Gesundheit und Wohlbefinden voll und ganz zu genießen.

Hochsensibilität und Gesundheit

„Ein Meditationslehrer erzählte von einem Mann, der nichts mehr zu tun haben wollte mit dem Stress des Lebens. Er zog in eine Höhle, um dort bis ans Ende seiner Tage zu meditieren, Tag und Nacht. Aber bald schon kam er wieder heraus. Das Geräusch des tropfenden Wassers in der Höhle hatte ihn fertiggemacht. Die Moral von der Geschichte: Stress wird zumindest gewissermaßen immer da sein, gerade, wenn wir sehr sensibel sind. Was wir brauchen ist ein neuer Weg, mit diesen Stressoren umzugehen."

Elaine N. Aron

Seelische Gesundheit

Katharina findet sich als Hochsensible in einem familiären Umfeld wieder, in dem wenig über Zwischenmenschliches gesprochen wird. Ihre Eltern gehen sonntags in die Kirche, sind Mitglieder in einigen Vereinen und die Geschwister tun es ihnen auf die eine oder andere Weise nach. Bei Tisch wird laut und unsensibel diskutiert, viel gelästert und oft spät zu Bett gegangen. Etikette nach außen ist der Familie sehr wichtig und diese Haltung bewirkt, dass die intakte Familienstruktur im wahrsten Sinne des Wortes mit viel Lärm in-

standgehalten wird: Das Leise, das Stille, Reizarme, alles, was in der Tiefe der Seele vor sich geht, findet keinen Raum, jedes Familienmitglied scheint dies mit sich selbst auszumachen.

Somit ist Katharina in einer für sie stark reizüberflutenden Umgebung aufgewachsen. Es gab viele Feste, Vereinsfeiern und laute Musik am Sonntag im Gottesdienst, oft lief der Fernseher und das Machtwort des Vaters löste bis in ihre Erwachsenenzeit ein Schreckzucken in Katharina aus.

Katharina hat sich irgendwann mit den Jahren besonders innerlich immer weiter von ihrer Familie entfernt. Bereits in ihrer Jugend verbrachte sie viel Zeit allein in ihrem Zimmer, traf sich vereinzelt mit Freundinnen zu tiefen Gesprächen, schlief viel und liebte die Stille und die Natur. Als junge Erwachsene zog sie sang- und klanglos aus und musste erfahren, dass sie nicht sonderlich vermisst wurde.

Nun lebt sie mit fünfunddreißig Jahren als Single in einer großen Stadt, jedoch in einem ruhigen Stadtviertel. Sie meidet stark belebte Gegenden und den Kontakt mit ihrer Familie hält sie nur sporadisch. Bei Telefonaten startet sie immer wieder neue Versuche, von sich zu erzählen und auch mitzuteilen, was sie am Stadtleben belastet, doch die Familie hört nicht zu – oft wird sie unterbrochen und hin und wieder fällt ein flapsiger Kommentar wie „Du warst schon immer zu empfindlich."

Dieses Beispiel zeigt eine Situation, in der es guttun kann, sich für eine gewisse Zeit des Lebens der Familie gegenüber auszuklinken. Gerade in der Phase des jungen Erwachsenenalters, der oft Jahre des Gefühls vorhergingen, nicht gehört zu werden, braucht der hochsensible Mensch eine Umgebung, die er sich selbst auf seine Bedürfnisse zuschneiden kann.

Die Beschreibung der Situation ist jedoch jene aus Katharinas Sicht, der es ihrerseits schwerfällt, sich in die Lebenswelt ihrer Familie hineinzuversetzen. Das tiefere Problem und dauernde Missverständnis liegt nicht in der unterschiedlichen Wahrnehmung der Alltagssituationen, sondern in der fehlenden Kommunikation. Diese fehlt nicht nur zwischen Katharina und ihrer Familie, sondern auch unter den anderen Familienmitgliedern. Ist die Diskrepanz jedoch so stark, dass eine vorübergehende Abnabelung notwendig wird, darf Katharina dies umsetzen, ohne sich schuldig fühlen zu müssen.

Keine Seite ist Täter und keine Seite ist Opfer. Besonders wenn Katharina für sich sorgt, indem sie das für sie ungesunde Umfeld verlässt, steuert sie einer schuldzuweisenden Dynamik entgegen.

Mark wird von seiner Familie seit Anbeginn seiner Kindheit für seine Sensibilität belächelt. Er kommt aus einem Haushalt, in dem stark nach Geschlechterstereotypen erzogen wurde. Seine Hochsensibilität wird ihm als Schwäche ausgelegt, weil er ein Junge ist. Auch in der Grundschule muss Mark erleben, wegen seiner Sensibilität gehänselt zu werden. „Feigling" rufen die anderen, wenn er wegen zu viel Gewusel auf dem Spielfeld plötzlich den Platz verlässt. Er weiß gar nicht, warum er plötzlich aufgibt, gibt sich den Beschimpfungen der anderen geschlagen, die behaupten, er könne nicht gut verlieren. Erst Jahre später begriff er, dass er nicht etwa Angst hatte oder feige war, sondern dass ihm alles zu viel wurde, wenn plötzlich viele Jungen auf einem Fleck um den Ball kämpften, laut schrien und der Schiedsrichter pfiff.

Mark wächst in einer Umgebung auf, die seine Sensibilität nicht anerkennt, sondern verurteilt. Dieses Umfeld sorgt dafür, dass er als Erwachsener schüchtern ist und sich kaum wirklich zeigen kann. Frauen gegenüber, für die er sich interessiert, zeigt er Scham für seine sensible Seite und es fällt ihm schwer, sich gesund abzugrenzen, weil er immer fürchtet, etwas Essentielles schuldig zu sein. Er hat viele Glaubenssätze in sich aufgenommen, die seinen positiven Selbstwert, insbesondere in seiner Identität als Mann, nachhaltig unterdrücken.

Janik ist ein hochsensibler Mann, der als Junge von seiner Mutter übermäßig beschützt wurde. Sie erkannte seine sensitive Seite und kümmerte sich rührend um ihn, doch in ihrer eigenen Empathie kam sie dem Jungen in allem zuvor und versuchte, ihn vor jeglicher Überforderung zu schützen. Oft fühlte Janik sich wie erstickt an der Überbesorgtheit seiner Mutter.

In seiner Partnerschaft kommt dieses Gefühl heute stark zum Vorschein: Jeder Versuch seiner Partnerin, für ihn da zu sein, wird von Janik als Bemutterung empfunden. Er kann sich selbst in seiner Hochsensibilität nicht annehmen, weil sein Selbstbewusstsein nicht gestärkt wurde. Hochsensibel zu sein bedeutete für ihn, als nicht selbstständig und unfähig zur altersgemäßen Eigenverantwortung eingestuft zu werden.

Janik steht nun in der Herausforderung, zum einen gesunde Grenzen gegenüber seiner Mutter zu setzen, die sich immer noch besorgt bei ihm meldet und nicht loslassen kann. Zum anderen darf er sich mit einem positiven Selbstbild verbinden und im Zuge dessen auch lernen, seine Partnerin an sich heranzulassen. Es wird ihm helfen, von ihr Vertrauen und Bestätigung dafür zu erhalten, wie er ist, noch mehr jedoch dafür, was er tut – denn genau dies hat ihm damals gefehlt.

Ein destruktives Umfeld kann sich in unterschiedlichen Aspekten zeigen und deine seelische Gesundheit unterschiedlich beeinflussen:

Übermäßige Behütung

Wenn du als Hochsensibler ständiger Bemutterung ausgesetzt bist – ein Muster, welches im Übrigen auch von Menschen bedient werden kann, die nicht deine Eltern sind – kann dies dazu führen, dass dein Selbstvertrauen beständig in den Keller rutscht. Zudem wird es in solchen Beziehungen keine Augenhöhe geben, denn der andere agiert ein Muster an dir aus, welches auch bei dir auf Resonanz stößt: Der andere muss alles für dich regeln und du brauchst grundsätzlich Hilfe. Hier liegt der Glaubenssatz zugrunde, dass Hochsensible dieser Welt nicht gewachsen sind und unter Druck und Schmerz zusammenbrechen, wenn sie keinen Retter haben.

Ständige Kritik

Einige Hochsensible sind ständiger Kritik an ihrer Art, das Leben wahrzunehmen, ausgesetzt.

Sie erhalten oft ungefragt Ratschläge - „So kannst du das nicht machen, weißt du das denn nicht? Die Welt läuft so nicht."

Sie werden nicht ernst genommen und stattdessen herabgesetzt - „Das ist nichts für dich!"

Andere reißen ihnen ihre Arbeit beinahe aus der Hand, wenn es ihnen zu langsam, zu bedächtig, zu achtsam vor sich geht.

Genervte Reaktionen

Du bist hochsensibel und

- ◊ wirst nicht mehr zu Partys eingeladen, weil du ohnehin immer nein sagst
- ◊ Menschen verdrehen die Augen, wenn du von deinem Schmerz berichtest
- ◊ deine Partner beenden die Beziehung, weil du „zu anstrengend bist"
- ◊ du kannst dich selbst kaum mehr ertragen und wünschtest, du seist nicht so empfindsam

Laut, stressig, überladen

Zum destruktiven Umfeld gehört auch deine materielle und strukturelle Umgebung: Arbeitsplatz, Fahrtwege, Wohnungssituation. Würdest du einem Hochsensiblen empfehlen, ein Leben wie das deine zu führen?

Ein destruktives Umfeld hat, ebenso wie Missverständnisse in der Kommunikation, nicht den Ursprung in der Hochsensibilität selbst, sondern in all den Vorurteilen und negativen Glaubenssätzen, die dich dazu führen, in einem solchen Umfeld zu verharren. Du selbst trägst wahrscheinlich diese Überzeugungen als hochsensibler Mensch aufgrund deiner Erfahrungen in dir, und selbst, wenn dir bereits bewusst ist, dass sie nicht wahr sind, fällt es schwer, aus dieser Spirale herauszufinden, denn dein Umfeld kreiert immer wieder dieselben Erlebnisse. Daher ist es wichtig, dein Umfeld genau unter die Lupe zu nehmen und dich grundsätzlich dafür zu entscheiden, ein konstruktives Umfeld zu verdienen, in welchem du aufblühen kannst.

Sabine übernimmt sich schon seit Jahren – sagen alle um sie herum. Sie selbst spürt es kaum, sie rennt und hetzt und ist allzeit beschäftigt, tagtäglich von Reizen aller Art umgeben, die ihr Stresslevel konstant hochhalten.

Wie sie dazu kommt?

Sabine ist es gewohnt, von anderen gebraucht zu werden. In ihrer Jugend hatte sie mehrere Partner, die psychisch labil waren und in ihr eine Freundin fanden, die sie durch ihre instabilen und meist suchtbeladenen Phasen hindurchtrug.

Im jungen Erwachsenenalter lernt sie Gerald kennen und gründet mit ihm eine Familie. Er kann gut selbst auf sich aufpassen – dafür bekommt Sabine zwei Kinder und zwei weitere Pflegekinder, von denen eines aufgrund einer geistigen Behinderung ein besonders hohes Maß an Aufmerksamkeit und Betreuung benötigt.

Immer wieder gerät Sabine in ihrem Alltag zwar an ihre Grenzen, doch sie ignoriert sie.

Nach zwanzig Jahren Erziehungszeit – Sabine ist mittlerweile vierzig Jahre alt – findet sie sich in einem leeren Haus und mit allerlei freier Zeit wieder, die Kinder sind alle ausgeflogen.

Erst da bemerkt sie, dass sie keinerlei Gespür für ihren eigenen inneren Zustand hat. Die Erschöpfung der letzten Jahre bricht über sie herein, drei Wochen lang liegt sie krank im Bett und kann die Stille kaum ertragen, obwohl etwas in ihr sich langsam löst und sie plötzlich realisiert, dass sie tiefer atmen kann. Erschreckt stellt sie fest, dass sie offenbar jahrelang flach geatmet und sich kaum aufgerichtet hat, sie ging buchstäblich wie unter einer selbst auferlegten Last.

Nachdem sich Sabine gefangen hat und wieder gesund scheint, fällt sie jedoch in die alten Gewohnheiten zurück – sie schafft sich einen schwer erziehbaren Hund an. Jeder Besuch von Freunden endet in anstrengenden Machtkämpfen und innerer Nervosität, denn der Hund ist bissig und muss beständig beobachtet werden.

Sabine ist verzweifelt. „Warum" beginnt sie sich zu fragen, „Warum nur finde ich mich immer wieder in vollkommen überfordernden Situationen wieder und kann dieses Muster nicht durchbrechen? Wo ist all meine Zeit hin? Was habe ich in den letzten dreißig Jahren gemacht? Ich habe das Gefühl, außerhalb von mir selbst gelebt zu haben. Wie eine leere Hülle. Mein Puls ist erhöht, ich fühle mich stresssüchtig. Was mache ich hier nur?"

Bei ihrer Recherche setzt sich Sabine mit dem Thema Hochsensibilität auseinander und realisiert: Das bin ich! Das bin ich! Ich habe das Gefühl, alles ist mir zu viel, immer schon! Ich erinnere mich daran, dass ich als Kind manchmal am liebsten nicht mehr leben wollte, weil alles immer so laut und schrill und überladen war mit Ereignissen, Terminen, Konsum...

Irgendwann hat Sabine damit begonnen, ihre hochsensible Tendenz, ihr Gefühl der Überforderung dadurch zu überdecken, dass sie ihrer Umgebung nachgab und sich anpasste. Sie entwickelte die Strategie, sich selbst immer von sich aus mit Terminen und Aufgaben zuzudecken. So hatte sie das Gefühl, die Kontrolle zurückzuerlangen und selbst zu entscheiden, dass ihr Leben derartig bewegt verlief.

Stille und unbeschäftigte Zeitfenster konnte sie kaum ertragen, weil ihr diese Momente verdeutlichten, dass die Wahrheit, dass sie sich selbst von innen heraus zerstört und krank macht, hinter jeder Tür und in jedem leisen Augenblick lauerte.

Wäre Sabine nicht hochsensibel, könnte sie vielleicht die Wut über die Umstände entwickelt haben, die ihr hilft, ihren Lebensstil zu verändern. Doch da sie die Überforderung durch die beständige Überlastung nicht ertragen kann, muss sie jeden Moment der Stille umschiffen - bis der totale Kollaps ins Haus steht. Sie musste immer funktionieren und wurde gebraucht, was ihr als Grundbasis für ein von außen definiertes Selbstwertgefühl diente. Gibt es auf einmal nichts mehr zu tun, nichts mehr zu regeln, nichts mehr zu erledigen, bleibt nur noch Schmerz: Schmerz darüber, so lange sich selbst ausgebeutet und übergangen, die verletzliche Seele an den Rand gestellt und sich selbst überlassen zu haben.

Wenn Hochsensibilität zu spät wertgeschätzt wird, ihr zu wenig Raum und Liebe zugestanden und der sensiblen Seele volle Beachtung im täglichen Leben gezollt wird, kann dies auf Dauer zu tiefer Trauer führen. In welchen Bereichen auch immer du hochsensibel sein magst, es ist ein Teil deiner selbst, deines Wesens. Es möchte mit eingebunden werden und die Art, wie du lebst, maßgeblich mitgestalten. Dieser Anteil in dir möchte leben, atmen und die Atmosphäre deines Alltages bereichern. Alles, was aufgeschoben wird, kann später irgendwann auf dich zurückfallen und mit größter Vehemenz verlangen, gesehen zu werden. Deine Gesundheit hängt davon ab, wie sehr du dich selbst respektierst, wertschätzt und deiner naturgemäßen Persönlichkeit Raum schenkst. Je eher du dich ausbreitest, leuchtest, zeigst und aktiv die Strukturen in deinem Leben lenkst, um sie dir dienlich zu machen, umso mehr schaffst du eine Basis für deine Zukunft, die ein starkes, erholtes, kraftvolles Ich zeigt, anstatt einer Persönlichkeit, die mit den Jahren immer mehr auslaugt. Sei es dir wert!

> **Tipp**
>
> Schreibe auf, welche Bereiche sich in deinem Leben negativ auf dein Wohlbefinden auswirken. Umgibst du dich mit Menschen, die dir nicht guttun? Strengen dich bestimmte organisatorische Strukturen extrem an? Ist der Weg zur Arbeit beispielsweise laut und reizüberflutend, deine Arbeitszeiten nicht deinem Rhythmus entsprechend oder deine Wohnung nicht so eingerichtet, dass sie dir hilft, zuhause zu entspannen und zu entschleunigen?
>
> Wie zeigt sich Hochsensibilität bei dir und wie kannst du dein Leben so gestalten, dass destruktive Strukturen und Umfelder abgebaut werden?
>
> Mehr praktische Tipps und Inspiration dazu erhältst du übrigens im entsprechenden Kapitel dieses Buches.

Körperliche Gesundheit

Die körperliche Gesundheit hängt zum großen Teil vom Zustand deiner Seele und deines Gefühlslebens ab. Doch auch unabhängig davon kannst du für deine körperliche Gesundheit wunderbar Sorge tragen. Viele Hochsensible sind stark beeinflusst von der Nahrung, die sie zu sich nehmen, von dem Fitnesszustand ihres Körpers und auch von den zeitlichen Tagesstrukturen.

Schlaf

Gesunde Schlafgewohnheiten stellen die Grundbasis für eine ganzheitliche Gesundheit dar. Was immer tagsüber geschieht: Wer nachts gut und genug schlafen kann, hat die Chance, das Erlebte zu verarbeiten und Ruhe und Erholung zu finden. Auch tiefgreifende Transformation und Veränderung findet zum großen Teil im Schlaf statt. Vielleicht kennst du das: Dein Tagespensum besteht nicht nur aus äußeren Gegebenheiten, sondern auch aus inneren Prozessen, die ständig im Hintergrund ablaufen. Oft sind hochsensible Menschen allein dadurch sehr herausgefordert, dass sie viel nachdenken, sich ständig beobachten und reflektieren und auch wachsam die Wechselwirkung zwischen sich und ihrer Umwelt erforschen. Dieser Fokus nimmt viel Zeit und Energie in Anspruch – und er läuft „nebenbei" ab, während das Tagesgeschehen seinen Lauf nimmt. Genau genommen ist damit das Energielevel vieler Hochsensibler bereits aufgebraucht. Es gilt also: Gehe ins Bett, wenn du müde wirst, und stehe auf, wenn du von dir aus aufwachst. Ideal ist ein Lebensstil, für den du keinen Wecker brauchst, du folgst deinem Biorhythmus.

Wie dies möglich sein kann? Triff in den wesentlichen Bereichen deines Lebens eine Entscheidung für dich: Familienstruktur, Arbeitszeiten, Termine – all das stellt die Basis für deine körperliche Gesundheit dar. Wenn du von alleine morgens aufwachst und eine angemessene Zeit für dich selbst hast, um entspannt in den Tag zu starten, bist du bereits auf einem guten Weg. Erlaube dir, Termine nur zu Zeiten zu setzen, die dir guttun und stelle deine Gesundheit an die erste Stelle.

Beobachte deinen Schlaf auch in Bezug auf deine Träume: Verarbeitest du einen Bereich deines Lebens darin wiederholt? Weist dieser Bereich auf einen Druck, eine Belastung hin, die mit Hochsensibilität in Verbindung zu bringen ist? Es kann dir helfen, dir deine Träume zu merken und zu versuchen, möglichst viel davon zu dokumentieren. Eventuell begegnet dir ein roter Faden.

Du kannst intuitiv nachspüren, welche Gefühle in deinen Träumen vorkommen und sie mit deinem Alltag vergleichen. Somit erhältst du eine heiße Spur auf Bereiche, in denen du noch einmal tiefer forschen kannst, was sich verändern ließe.

Fitness

Neben dem Schlaf ist auch Fitness ein wesentlicher Bestandteil für körperliche Gesundheit. Baue diesen Bereich in deinen Wochenplan ein.

Im Zusammenhang mit Hochsensibilität ist zu beachten, dass körperliche Betätigung immer so ausgeführt werden sollte, dass sie dich nicht vollkommen erschöpft. Zum einen ist eine konstante Überlastung nicht gut für deinen Körper, zum anderen verbrauchst du viel Energie damit, dich wieder zu erholen. Wenn du bereits damit kämpfst, dich im Alltag nicht zu überfordern, ist es wahrscheinlich, dass du keinen Raum findest, die Anstrengung zu kompensieren. Wir sind ganzheitliche Wesen, unser Körper, unsere Seele und unser Geist sind miteinander verwoben. Wenn dein Körper überlastet ist, wird deine Seele dies mittragen.

Nichtsdestotrotz: Du bist nicht krank oder außergewöhnlich – du bist hochsensibel. Es ist gut, deinem Körper Aufmerksamkeit in Form von sportlicher Betätigung zukommen zu lassen und dies darf auch spürbar sein. Nicht jede Anstrengung ist eine Überlastung. Du kannst dein System dabei unterstützen, indem du eine geeignete Umgebung auswählst, die dir guttut. Achte zudem darauf, dass du dich in deiner Haut wohlfühlst. Wähle bequeme Kleidung, trinke viel! Sorge gut für dich – dann fühlst du dich gut aufgehoben, sicher und kannst dir selbst vertrauen.

Nahrung

Die Wahl deiner Nahrung ist der dritte wichtige Bestandteil für dich als hochsensiblen Menschen. Warum? Deine Nahrung bestimmt deinen Hormonhaushalt mit, deine Stimmung, Fitness und Gesundheit. Was du isst, stärkt oder schwächt dich.

Vielleicht bist du im Bereich Nahrung nicht unbedingt hochsensibel, spürst jedoch trotzdem, wie die Nahrung dein Wohlbefinden beeinflusst und es fällt dir leicht, mit dem, was du zu dir nimmst, in Beziehung zu stehen. Informiere dich zum Thema Nahrung und auch zu allem, was dem Körper wirklich schadet. Beachte, ob das Thema Ernährung viel Raum in deinem Denken einnimmt und dich beschäftigt. Wenn dem so ist, kann es deinen Alltag stark beeinflussen, da die Ernährung ein menschliches Grundbedürfnis ist. Wenn du viel darüber nachdenkst, fütterst du diesen Bereich mit deiner Energie und Kraft, die dann an anderen Stellen vielleicht fehlt. Ein Tipp dazu: Nimm dir bewusst zwei bis drei Tage Zeit, um dich intensiv mit diesem Thema zu beschäftigen. In dieser Zeit kannst du dir bewusst machen, wie du dazu stehst und einen Plan erstellen, wie du gegebenenfalls Veränderungen vornehmen möchtest. So bringst du mit gebündelter Energie eine neue Richtung auf den Weg, die du nach dieser Phase entspannter in deinen Alltag integrieren kannst. Dieser Tipp ist auch für all deine anderen Lebensbereiche interessant, besonders dann, wenn du dich entscheidest, weniger Dinge gleichzeitig zu tun und zu bedenken.

Du kannst es so sehen: Dein gesunder, vitaler Körper bietet die Grundlage für Stabilität von außen nach innen. Auf dieser Basis kannst du aufbauen und dich beruhigt auf deine Seele, dein Innenleben und die Gestaltung eines Lebens konzentrieren, welches deiner hochsensiblen Seite guttut.

Geistige Gesundheit

Geistige Gesundheit ist die Basis für jede weitere Arbeit am menschlichen Seelenleben. Du kannst geistig gesund sein, wenn du dich mit Inhalten umgibst, die dich wachsen und erblühen lassen, die dich inspirieren und dir bei deiner persönlichen Entwicklung weiterhelfen.

Geistige Gesundheit bedeutet, sich gefördert zu fühlen, zuhause in seinem Lebensgefühl, ein Ziel und eine Vision zu verfolgen, die der inneren Wahrheit entspricht – und auch dein Leben nach dieser inneren Ausrichtung zu führen. Diese Haltung bringt Klarheit, wo Verwirrung herrscht, die Fähigkeit, loszulassen, was dir nicht dient und schnell erkennen zu können, was zu dir gehört und was nicht.

Für hochsensible Menschen ist geistige Gesundheit sehr unterstützend. Der Überforderung durch zu viele Reize wird bereits an der Wurzel entgegengewirkt.

Mit folgenden Fragen kannst du in individuellen Situationen herausfinden, wie du dich geistig positionieren kannst, um ein ausgerichtetes Leben zu führen:

- ➤ Welchen Inspirationsquellen kann ich folgen, um mich geistig zu bilden, mich zu ermutigen und meiner inneren Stimme Unterstützung zu verleihen?
- ➤ Welchen Dauerinformationen kann ich getrost den Rücken zuwenden, um nicht mental überladen zu sein?
- ➤ Welche Inhalte versetzen mich in Aufruhr, Angst, Anstrengung und Überforderung?
- ➤ Welche Lebenseinstellung schafft in mir ein Gefühl der Leichtigkeit, Energie, Kraft und Sinnhaftigkeit? Mit welchen Menschen möchte ich mich umgeben, um dieses Gefühl wachsen zu lassen?
- ➤ In welchen Beziehungen merke ich regelmäßig, dass ich an meine Grenzen gerate, weil ich entmutigt, niedergedrückt werde, meine Hoffnung verliere? Wie kann ich diesem Einfluss die Macht auf mein Lebensgefühl entziehen?

Deine geistige Gesundheit ist dein größter Schatz. Zu diesem Bereich gehört auch die Bewusstwerdung deiner inneren Muster, deines Entwicklungsprozesses und das Training der Fähigkeit, im Hier und Jetzt anzukommen.

Bewusstwerdung

Viele Jahre unseres Lebens verbringen wir mit wenig Bewusstsein darüber, wie wir handeln, warum wir bestimmte Gewohnheiten und Lebenseinstellungen etabliert haben und wie sich unsere Geschichte zusammensetzt.

Erst, wenn die ersten Krisen auftauchen oder unser bisher Gewohntes plötzlich durch neue Erfahrungen unterbrochen wird, tauchen Stück für Stück Fragen auf, die dich zu einem tieferen Bewusstsein darüber einladen, warum du wie lebst. Dieser Weg des inneren Aufbruches hilft dir dabei, deinem Leben aktiv eine neue Richtung zu verleihen. Du lernst, Verantwortung dafür zu tragen, wie du mit deinen Erfahrungen umgehst und in welche Richtung du dein Lebensschiff steuerst. Langsam wird dir *bewusst*, dass das Leben dir nicht einfach so „geschieht", sondern dass du dich in einer bestimmten Atmosphäre unter den immer gleichen Menschentypen, Erfahrungen und Mustern aufhältst, die deine als Kind geformten Glaubenssätze unterstützen. Deine Bewusstwerdung, verbunden mit einer gesunden, selbst gewählten Beeinflussung durch Inhalte, die dir helfen, dort hinzufinden, wohin du wachsen möchtest, schafft ein neues inneres Klima in dir, das deine Geschichte verändert.

Achtsamkeit

Adrian ist mit seinen Eltern und seiner Schwester im Auto unterwegs. Als mittlerweile Sechzehnjähriger hat er schon eine Menge Autofahrten mit seiner Familie hinter sich gebracht und kennt die kritischen Momente, in denen er sich überfordert fühlt:

Die Geschwindigkeit, der typische Innengeruch eines neuen Autos, die vorbeirauschende Landschaft, nah beieinander zu sitzen, wildes Durcheinanderreden und starker Verkehr tragen im Kollektiv zu einer gefühlten Überforderung und Überreizung bei.

Adrian hat entdeckt, dass es ihm hilft, all das wahrzunehmen und dann auch zu kommunizieren, wenn er eine Pause benötigt. So hat er gemeinsam mit seiner Familie sinnvolle Strategien entwickelt, die ihm die gemeinsamen Ausflüge erleichtern: Sie machen öfter Pausen an Raststätten, halten kleine Schweigezeiten im Auto ab oder benutzen öfter mal die Landstraße anstatt der Autobahn.

Doch die hauptsächliche Hilfe erhält Adrian durch die Ausrichtung seiner Aufmerksamkeit: Er übt immer wieder, den Moment zwar ganzheitlich wahrzunehmen, aber auch einen Anker zu finden, mit dem er sich selbst stabilisieren und beruhigen kann. So achtet er zum Beispiel auf seinen Atem, während das Auto über die Autobahn rauscht. Er benutzt positive innere Bilder, wie das Rauschen des Meeres oder die Vorstellung von frischem Wind, der um seine Ohren weht. Auch die Konzentration auf nur einen seiner Sinne ist hilfreich: Er beobachtet hin und wieder fokussiert alles, was außerhalb des Autos zu sehen ist, ist also auf seinen Sehsinn ausgerichtet, während die Geschehnisse direkt um ihn herum in den Hintergrund geraten. So kann Adrian den Fluss der Reize immer besser kontrollieren und fühlt sich nicht mehr so oft davon fortgeschwemmt.

Achtsamkeit und die damit verbundene Praxis des Seins im Hier und Jetzt ist für Hochsensible sowohl Fluch als auch Segen.

Je mehr ein Hochsensibler sich mit all seiner Aufmerksamkeit im Moment befindet, umso stärker nimmt er zum einen alles wahr, was sich an Reizen um ihn herum auftut. Zum anderen kann er aus dieser Wahrnehmung herauslesen, was ihm im derzeitigen Moment zu Kopfe steigt und wovon er sich abgrenzen muss. So gelingt es dem Hochsensiblen besser, seine Grenzen frühzeitig zu erkennen und die Situation selbstwirksam zu beeinflussen und zu verändern.

Durch diese Übungspraxis kann der Hochsensible auch seine geistige Wahrnehmung schulen und sich innerlich über das erheben, was um ihn herum geschieht: Er findet in sich einen Ruheort, der das Äußere keinesfalls ignoriert, aber in einen übergeordneten Zusammenhang bringt, der dabei hilft, die Situation gut zu meistern. Adrian kann sich beispielsweise darauf fokussieren, den tieferen Sinn der Autofahrt näher unter die Lupe zu nehmen, während sie geschieht. Er verliert nicht den Bezug zur Realität, sondern trainiert sein Gehirn, die Perspektiven auf das Erlebte zu verändern.

Achtsamkeit ist das neue Trendwort – doch was bedeutet es eigentlich? Es ist nichts anderes, als im Hier und Jetzt anzukommen. Kinder machen dies ganz selbstverständlich. Sie erleben einen Moment unmittelbar und direkt – bis sie Verletzung erfahren in Momenten, in denen sie voll und ganz präsent waren und darin beschämt, bloßgestellt oder anderweitig schmerzhaft behandelt werden. Die Achtsamkeit und Präsenz, das lebendige Erleben des jeweiligen Momentes lässt nach, wenn wir uns schützen und Anteile von uns zurückhalten und verstecken, um einer möglichen Gefahr der Grenzüberschreitung zu entgehen.

Hochsensible Menschen stehen vor der Herausforderung, zu starke äußere Reize abschirmen zu müssen, indem sie künstliche Filter vornehmen, weil die Wahrnehmung auf vielen Ebenen so intensiv ist – gleichzeitig aber auch wieder präsent zu werden für Schmerz, Trauer, ungeliebte Gefühle, steckengebliebene Emotionen, Heilungsprozesse der Seele.

Wie kann man sich von zu viel Reiz schützen und gleichzeitig wieder mehr fühlen? Es ist eine Gradwanderung, doch es ist möglich: Öffne dich da, wo dein Herz wirklich zu einer Öffnung drängt und der Wunsch groß ist, Heilung zu erfahren. Erlaube dir, Nein zu sagen: Nein zu Beziehungen, die dir schaden. Nein zu Lebenssituationen, die dich konstant überfordern und dir nicht guttun. Nein zu allem, was nicht deinem inneren Ziel, deiner Leidenschaft, deinem roten Faden dient. Verpflichtungen im sozialen sowie wirtschaftlichen Bereich sind häufig angelernt, trainiert, von Vorbildern übernommen. Wir führen ein Leben innerhalb eines Netzes, einer bestimmten Perspektive, die vorgibt: Das Rad muss sich weiterdrehen. Alles muss weiterlaufen. Nichts darf kollabieren. Wenn sich das Rad nun weiterdreht, darfst auch du nicht kollabieren. Du darfst dich nicht verändern, reagierst auf das, was du erlebst, anstatt frei zu sein, deine Welt eigenständig zu gestalten. Erst, wenn du Nein sagst, fröhlich, selbstbestimmt, klar und schamfrei Nein, wirst du ein Ja zu dem finden, was dich stärkt, ermutigt und dir Freude schenkt. Dies ist der Ausweg für Hochsensible, die präsent an ihrem eigenen Leben teilhaben möchten, ohne beständig überfordert zu werden.

Hochsensibilität und Berufung

"Was passiert, wenn Menschen ihr Herz öffnen? Sie werden besser."

Haruki Murakami

Mein Geschenk für diese Welt

Deine Berufung ist nicht unbedingt das Gleiche wie dein Beruf – es kann, muss aber nichts damit zu tun haben, Geld zu verdienen. Die Frage nach deiner Berufung lässt sich nach unterschiedlichen Ebenen und Perspektiven beantworten – geistig, spirituell, sozial, aufgrund deiner Herkunft und Beeinflussung, deines Weltbildes und deiner Werte.

Je nachdem, welche Rolle Hochsensibilität in deinem Leben spielt, ist auch dieser Bereich für die Frage nach deiner Berufung maßgeblich – denn Hochsensibilität gibt Aufschluss darüber, in welchem Umfeld du dich bewegen möchtest, was du der Welt zu geben hast, welches Lebensareal vielleicht nicht so sehr für dich geeignet ist, aber auch, in welchen Bereichen deine Begabungen und dein Geschenk für diese Welt verborgen sein können.

Hochsensibilität gibt Hinweise auf das, was die Welt braucht. Sie ist eine von vielen Begabungen, mit der Menschen ihre Umwelt so gestalten können, dass sie zu einem Ort wird, in dem menschliche Werte erblühen können.

> **Inspiration**
>
> **Welchen Aufschluss gibt mir Hochsensibilität über meine Berufung?**
>
> ⇨ Berufung bedeutet für mich …
>
> ⇨ Ich möchte in dieser Welt …
>
> ⇨ Ich fühle mich dazu berufen, …
>
> ⇨ Ich bin hochsensibel im Bereich …
>
> ⇨ Mit meiner Berufung hat dies zu tun …
>
> ⇨ Ich kann Menschen helfen, die …

Wenn du möchtest, kannst du eine Mindmap erstellen mit unterschiedlichen Ideen, wie Hochsensibilität deine Berufung beeinflussen und bereichern kann – du wirst erstaunt sein, wie viele Ideen sich zeigen, wenn du deinen Fokus darauflegst!

Herausforderungen

Maria kennt ihre Berufung – sie weiß, dass sie der kommenden Generation etwas hinterlassen möchte, das weit mehr bedeutet als finanzielle Sicherheit oder ein festes Zuhause. Maria empfindet sich gemeinsam mit anderen in der Verantwortung, diese Welt in einem besseren Zustand zu hinterlassen, als sie diese vorgefunden hat und ist daher dabei, ein Team zusammenzustellen, um in ihrer direkten Umgebung echte Veränderung zu schaffen.

Da Maria hochsensibel ist, gerät sie durch ihren visionären Geist, der schneller schaltet und plant, als sie in ihrer Sensibilität zur Umsetzung schreiten kann, immer wieder in inneren Zugzwang. Die Kommunikation mit

Teammitgliedern fordert viel Kraft von ihr und lässt sie abends erschöpft aufs Sofa sinken.

Immer wieder findet Maria sich in dem Gefühl der Überforderung wieder und möchte in diesen Momenten am liebsten alles hinwerfen, was ihr lieb und teuer ist. Alles, wonach sie sich dann sehnt, ist ein stilles, reizarmes Zimmer und einen stillen Geist, der sie nicht weiter mit all ihren Ideen und Träumen vorantreibt.

Wenn sie sich erholt hat, beginnt der Kreislauf erneut: Mit viel Elan und Leidenschaft geht sie an die Arbeit und vernetzt, plant, trifft sich mit Menschen – bis sie wieder alles unterbrechen und sich zurückziehen muss.

Marias Hochsensibilität zeigt sich in mehreren Facetten:

Zum einen ist das Reisen für sie sehr herausfordernd. Straßenlärm, unbekannte Gegenden und Kontakte mit immer neuen Menschen strengen sie an und bringen sie für den jeweiligen Moment an die Grenzen ihrer Belastbarkeit. Im Zug muss sie immer wieder das Abteil wechseln, wenn sie sich von zu vielen Menschen und deren individueller Stimmung und Ausstrahlung umringt fühlt. In der Fußgängerzone trägt sie Ohrstöpsel oder hört Musik, durch die sie sich abgeschirmt fühlt.

Bei Teambesprechungen beginnt Maria zu schwitzen oder zeigt plötzlich allergische Reaktionen wie Niesen und Hautkribbeln, wenn ihr innerer Zenit überschritten ist. Sobald zu viele Themen aufeinandertreffen, alle durcheinanderreden oder zu laut sprechen, der Gang zur Cafeteria in der Pause nicht entspannt, sondern weiter mit Reizen auf sie eindringt oder ein Kollege besonders viel Raum einnimmt, dem sie sich innerlich nicht entziehen kann, wehrt sich ihr Körper und sie muss nicht selten den Ort des Geschehens für eine Pause verlassen.

Wie Maria geht es vielen Menschen, die große Ambitionen haben und hochsensibel sind. Sie schwanken zwischen Tatendrang und Überanstrengung und finden nur schwer eine Balance, haben das Gefühl, mit all ihren Plänen nicht hinterherzukommen.

Der Geist eines hochsensiblen Menschen braucht beides: Die Befriedigung und Ermutigung durch erfüllte Träume und umgesetzte Pläne, die Motivation der Sinnhaftigkeit – und ebenso den stillen, ruhigen Raum, der ihnen erlaubt, nichts tun, nichts sein zu müssen, keine Termine wahrnehmen zu müssen und sich von dem Erlebten zu erholen.

Für Hochsensible ist die angebrachte Regenerationszeit für den Erfolg eines angedachten Projektes maßgeblich. Nur so können sie auf lange Sicht durchhalten und mit ihren Kräften gut haushalten.

Nicht zu vergessen ist der Bonus, dass gerade in diesen Regenerationsphasen ganz besondere Entwicklungen und neue Ideen in Umlauf kommen, auf deren Entwicklung sich der Hochsensible während seiner Ruhephase konzentrieren kann. Sie kommen fast automatisch auf, sobald genug Reizarmut und Freiheit von äußeren Aufgaben diesen Raum bieten.

Es würde Maria sehr helfen, ihre Hochsensibilität dadurch anzuerkennen, dass sie ihre körperlichen und seelischen Reaktionen mit einbezieht und handelt, bevor es so weit kommt, dass alles in ihr sich wehren muss. Sie kann schon fünf Minuten eher den Raum verlassen, Teammeetings konsequent auf Zeiten legen, in denen sie belastbarer ist und bei Dienstreisen ein Einzelzimmer mit kurzen Lauf- und Fahrtwegen buchen.

Wenn Maria ihre Empfindsamkeit voll und ganz mit einbezieht, kann sie ihre Berufung erfolgreich weiter kreieren und leben. Sie wird dann den besonderen Touch eines Menschen haben, der andere vielleicht sogar eher damit berühren und ansprechen kann, denen es im Alltag ähnlich ergeht.

Jasmin hat eine große Vision vor Augen und freut sich auf die Zeit, in der sie ihren Traum leben wird. Doch sie steht vor einer großen Herausforderung: Durch ihre Hochsensibilität, vor allem im Bereich des Lautstärkepegels, fällt es ihr sehr schwer, sich Raum dafür zu schaffen, ihren Traum auf den Weg zu bringen. Sie hat zwei Kinder und arbeitet halbtags, der Alltag hat sie voll im Griff und sie ist damit beschäftigt, sich übermäßige Reizüberflutung vom Leibe zu halten. Die wenigen Minuten des Tages, in denen es still ist, nutzt sie, um tief durchzuatmen und sich so gut es geht zu entspannen. Auf ihrer Liste steht zudem der Wunsch, sich wieder sportlich zu betätigen, außerdem neue Freundschaften zu pflegen, die ihr guttun, sich von ihrer Mutter etwas mehr abzugrenzen, ihre Ernährung (und damit auch die ihrer Familie) umzustellen, mehr Zeit mit ihrem Partner zu verbringen, sich öfter etwas Gutes zu tun – und endlich ihren Traum zu verwirklichen, ein eigenes Unternehmen aufzubauen. Wie soll sie dies alles nur schaffen?

Jasmin spricht mit ihrer Freundin darüber, dass sie völlig erschöpft ist und zunehmend das Gefühl hat, aufgrund ihrer Hochsensibilität ihren Traum begraben zu müssen – es ist alles zu viel. Ihre Stimme ist hoch und piepsig, sie klingt erschöpft und traurig. Sie äußert gegenüber ihrer Freundin das Gefühl, dass sie immer etwas von sich opfern muss, das ihr sehr wichtig ist, um einen anderen Aspekt in sich zu schützen. Sie fühlt sich zerrissen und vom Leben ungerecht behandelt.

Im Gespräch mit ihrer Freundin findet Jasmin heraus, dass sie sehr starke Anforderungen an sich stellt: Alles muss zeitlich geschehen, die Traumversion ihres Lebens am liebsten heute zustande kommen. Obwohl der Tag nur vierundzwanzig Stunden hat und Jasmin am Rande ihrer Kräfte ist, erwartet sie von sich selbst beständige Leistungsfähigkeit. Ihr gedanklicher Versuch, sich selbst voranzutreiben, bringt als Argument an: Ich muss doch heute gesund und vital sein, um morgen mein Unternehmen erfolgreich führen zu können. Also muss ich gesund essen, toxische Beziehungen verlassen, neue Freunde finden, mich bewegen, genug Sex haben, mich geliebt fühlen und die Schuldgefühle gegenüber meinen Kindern abbauen, indem ich eine perfekte Mutter bin. Dass ich das Gefühl habe, dieses Leben eigentlich gar nicht meistern zu können, weil alles zu schnell, zu laut, zu intensiv ist, um auch nur ansatzweise meinen Anforderungen gerecht zu werden, ist in dieser Rechnung gar nicht erst mit einbezogen. Ich fühle mich, als lebte ich auf Pump. Ich borge von mir selbst die Energie, die ich gar nicht habe, weil es einfach nicht still genug um mich herum ist.

Jasmin benötigt im ersten Schritt vor allem ein offenes Ohr. Die angestaute Überforderung möchte sich Platz machen, indem sie darüber sprechen und dadurch die Last von ihren Schultern gleiten lassen kann. Sie wird für den Moment Erleichterung finden, indem sie jemand auffängt und versteht. Ihre Freundin leistet darin wunderbare Unterstützung.

Jasmin neigt jedoch auch dazu, direkt nach der erfahrenen Erleichterung mit demselben Druck und Pensum weiterzuleben, weil sie der Illusion unterliegt, es ginge ihr schon viel besser. So bleibt der Kreislauf der Überforderung erhalten.

Um an diese Dynamik in sich überhaupt heranzukommen und all diese Gefühle wirklich fühlen, wahrnehmen und anerkennen zu können, braucht Jasmin als Hochsensible vor allem eins: Stille. Solange sie nicht regelmäßig ruhige Momente für sich erschaffen kann, ist es schwer für sie, zu erkennen, wo sie zu viel von sich selbst erwartet und vielleicht auch zu erkunden, warum dieses Muster so tiefgreifend ihr Leben bestimmt.

Erst, wenn sie Ruhe findet, kann Jasmin sich den wirklich wichtigen Fragen stellen:

> ⇨ Was will ich wirklich und warum?
> ⇨ Warum sabotiere ich mich selbst?
> ⇨ Warum meine ich, perfekt sein zu müssen, um ein erfolgreiches Unternehmen führen zu können?
> ⇨ Was ist der Unterschied zwischen perfekt und ausgeglichen?
> ⇨ Wie kann ich mir selbst helfen, meinen Perfektionismus loszulassen?
> ⇨ Was kann mir dabei helfen, wenn ich überfordert bin, meinen Traum nicht mehr loszulassen?
> ⇨ Wie kann ich den Weg mehr genießen und mir dauerhafte Erleichterung verschaffen?
> ⇨ Kann es sein, dass einige der Anforderungen, die ich an mich selbst stelle, angelernt oder von außen vorgegeben scheinen? Habe ich eigentlich andere Werte? Was ist *mein persönlicher* Standard?
> ⇨ Ich bin hochsensibel - mag ich das an mir? Wie kann ich lernen, es ernst zu nehmen und darin Selbstliebe zu praktizieren?
> ⇨ Wie kann ich ein Unternehmen führen, ohne mich selbst konstant auszulaugen?

Hochsensibilität kann zwar zeitweise unterdrückt werden, doch diese Handhabung holt dich irgendwann immer wieder ein. Hochsensibilität gehört zu dir. Es ist wie bei deinem Körperbau, deiner Stimme, deinen anderen Persönlichkeitsmerkmalen oder deiner Geschichte: Es ist, wie es ist. Innerhalb dessen, was dich ausmacht, kannst du wunderbar kreativ gestalten. Was das Leben dir mit deiner Persönlichkeit geschenkt hat, möchte darin anerkannt werden, dass dein Leben und deine Berufung sich da heraus entfalten, nicht, dass du dich zwanghaft in Vorstellungen einfügen musst, die dir nicht entsprechen.

Hochsensibilität in Beziehungen/Partnerschaft

„Ich verstand die Wahrheit, die in die Lieder so vieler Dichter einfloss und welche so viele Denker in ihrer ultimativen Weisheit verkündeten. Die Wahrheit, dass Liebe das ultimative und höchste Ziel ist, nach dem ein Mensch streben kann."

Viktor Frankl

Hochsensibilität in der Partnerschaft – was ist besonders, was ist beachtenswert?

Hochsensible erleben in ihrer Partnerschaft oft am intensivsten, was es bedeutet, mit dieser Feinfühligkeit ausgestattet zu sein. Wie du vielen Geschichten in diesem Buch bereits entnehmen konntest, ist Hochsensibilität nicht nur auf die körperlichen Sinne bezogen, sondern auch im zwischenmenschlichen Geschehen von großer Bedeutung. Was immer zwischen ihm und dem anderen vor sich geht, wird einem hochsensiblen Menschen nicht entgehen, selbst dann, wenn es im Hintergrund abläuft und nicht ausgesprochen wird.

Hochsensible Menschen in Partnerschaften setzen sich demnach nicht nur mit dem auseinander, was sie von sich selbst spüren, sondern auch mit der Lebenswelt ihres Partners. Dieser lebt so nah bei ihnen, dass sie oft intensiv spüren können, welche Stimmungen von ihm ausgehen und mit welchen Herausforderungen er zu kämpfen hat. Wenn die Beteiligten sich mit dem Thema Hochsensibilität auseinandersetzen, können viele Missverständnisse, Kämpfe und Schwierigkeiten geklärt werden. Vieles, was sich als vermeintlicher Konflikt in der Partnerschaft zeigt, liegt an einer Überforderung, oft in ganz anderen Bereichen. Die Partnerschaft möchte befeuert und gepflegt werden, doch oft fehlt die Energie, um sich ganz darauf zu konzentrieren und nach einem – aus der Sicht des Hochsensiblen – ereignisreichen Tag noch die Kraft aufzubringen, um in die Nähe und Verbundenheit zu kommen. Die Partnerschaft muss dann stark sein und beide Beteiligten fähig, in die Eigenverantwortung zu gehen, um einander Verständnis entgegenzubringen, aber auch die Aufgabe ernst zu nehmen, die Partnerschaft als Priorität zu betrachten. Für Hochsensible kann dies durchaus bedeuten, ihr Leben auch in anderen Bereichen immer wieder zu überprüfen: Wo liegt mein Augenmerk? Was ist mir wichtig? Ist meine Partnerschaft ein wichtiger Bestandteil meines Lebens? Wie zeigt sich dies in meinem Umgang damit, finde ich bei meinem Partner einen Raum zum Auftanken, ohne ihn auszulaugen, ohne mich selbst auszulaugen? Können wir einander ermutigen und in eine gemeinsame Richtung blicken, die unsere beiden Leben bereichert?

Jan und Lisa sind beide hochsensibel und streiten daher oft. Wie kommt es dazu?

Jan ist hochsensibel im Bereich Geräusche, Lisa im Bereich Berührung. Wenn Jan morgens aufsteht, braucht er viel Ruhe und möchte alleine sein, um seine Geräuschkulisse niedrig zu halten. Erst nach einer bestimmten Zeit, wenn er sich gesammelt und innerlich vorbereitet hat, hat er den Eindruck, für den Tag und seine Herausforderungen bereit zu sein. Lisa ist morgens sehr gesprächig und wünscht sich, den Tag gemeinsam zu starten. Sie sucht Verbindung über Kommunikation und ist morgens am meisten dazu in der Stimmung.

Aufgrund der konstanten Abwehr ihres Partners fühlt sie sich in ihrem Bedürfnis nicht gesehen und hat das Gefühl, es sei ihm nicht wichtig, ihr entgegenzukommen.

Jan hingegen ist abends recht anhänglich und sehnt sich nach körperlicher Berührung und Verbindung. Lisa hat dann jedoch bereits einen anstrengenden Tag hinter sich, ist erschöpft und es fällt ihr schwer, die Berührung zu ertragen. Oft hat sie Jan schon barscher zurückgewiesen, als sie eigentlich wollte, weil sie unbewusst im Schutzmodus verharrt. Sie muss Jan oft erklären, wie sie berührt werden möchte und wie nicht, denn viele Berührungen, vor allem leichter, flirrender, zarter Art sind für sie äußerst unangenehm. Fast tut es ihr weh, besonders dann, wenn auch ihr seelisches Nervenkostüm geschwächt ist. In diesen Momenten hat Jan das Gefühl, alles falsch zu machen. Er fühlt sich abgelehnt und ohnmächtig.

Beide Partner möchten also mehr Nähe und Verbindung und lieben einander von Herzen, doch sie finden nicht die passenden Zeitfenster und Übereinstimmung ihrer Bedürfnisse, um miteinander in tiefen Kontakt treten zu können. Die gegenseitig empfundene Ablehnung, die aus Selbstschutz resultiert, verursacht immer neuen Schmerz.

Jan und Lisa finden Hilfe, wenn sie üben, einander mit einem verständnisvollen Ohr zuzuhören und zu erkennen, dass sie beide etwas verbindet: Sie sind hochsensibel. Wenn dies zu einer verbindenden Basis führt, können sie beide konkret und ohne störende Emotionen nach Lösungen suchen.

Enissa ist seit geraumer Zeit auf der Suche nach einer festen Partnerschaft. Sie hat für sich erkannt, dass sie bereit ist, ihr Leben mit einem anderen Menschen zu teilen und gemeinsam zu wachsen. Sie hat sich entschieden, nicht zu verheimlichen, dass sie hochsensibel ist und dieses Thema bereits bei den ersten Treffen mit einem potentiellen neuen Menschen anzusprechen.

Doch jedes Mal, wenn Enissa einem Mann davon berichtet und auch mitteilt, was es im Alltag bedeutet, hochsensibel zu sein, ist dies das Ende des weiteren Kennenlernens. Enissa beschleicht das Gefühl, dass die Männer meinen, es käme eine anstrengende, freudlose Beziehung auf sie zu und Hochsensibilität sei etwas, mit dem sie sich nicht auseinandersetzen möchten.

In einer solchen Situation stellen sich folgende Fragen:

> Mit welcher Art von Mann trifft sich Enissa regelmäßig? Schaut sie sich in Kreisen um, in denen die Beschäftigung mit tieferen Themen und bewusster Auseinandersetzung mit dem eigenen Leben überhaupt populär ist? Erkennt Enissa vielleicht ein Muster der Männerwahl, welches sie schon von Anbeginn verfolgt und gar nicht zu ihr passt?

> Wie spricht Enissa selbst über das Thema Hochsensibilität? Kann sie von Herzen dazu stehen, oder teilt sie es bereits mit einem halb schlechten Gewissen, welches sich in der Wahrnehmung auf das Gegenüber überträgt?

> Ist Enissa damit einverstanden, einen Mann an ihrer Seite zu haben, der selbst nicht hochsensibel ist oder sich mit dem Thema von Grund auf beschäftigen muss?

> Berichtet Enissa von den schönen, wundersamen Eigenschaften ihrer Hochsensibilität? Sie nimmt das Leben so direkt, unmittelbar, lebendig wahr – kann sie dem anderen diese Erfahrungen schmackhaft machen?

Beim Dating kommt es, nicht nur in Bezug auf Hochsensibilität, darauf an, wie sehr man zuerst Ja zu sich selbst gesagt hat und zu sich stehen kann. Wenn du einen neuen Menschen in dein Leben einladen möchtest, werde dir darüber bewusst, was du dir wünschst. Sei spezifisch. Erlaube dir, dir genau auszumalen, wie du mit einem anderen Menschen dein Leben gestalten möchtest und welche Eigenschaften er haben soll. Prüfe zuvor auch, ob du die gewünschten Eigenschaften für dich selbst auch forcierst und bereit bist, mit deinem Partner darin zu wachsen. Erlaube dir, keine faulen Kompromisse einzugehen, erst recht nicht dann, wenn du dir eine langfristige Partnerschaft wünschst. Gerade als hochsensibler Mensch ist die Wahl des Partners, der dein Leben direkt und täglich mit beeinflussen wird, ein wichtiger Part auf dem Weg zu einem erfüllten Leben.

Inspiration

Hier findest du einige Fragen, die dir bei der Partnerwahl im Vorfeld helfen können, eine gewisse Eingrenzung vorzunehmen, damit der Partner auch wirklich zu dir passt:

- ⇨ Welche Eigenschaften meiner Hochsensibilität soll mein Partner lieben?
- ⇨ Soll Hochsensibilität ein Hauptbereich unserer Beziehung sein, oder ist es eine Eigenschaft von vielen, der Augenmerk geschenkt werden soll?
- ⇨ Soll mein Partner ebenfalls hochsensibel sein?
- ⇨ Welche Eigenschaften sollte mein Partner vorrangig mitbringen, um meiner Hochsensibilität gerecht zu werden? (Geduld, Verständnis etc.)
- ⇨ Soll mein Partner sich bereits bestens mit dem Thema auskennen oder ist es für mich in Ordnung, ihn ganz neu damit vertraut zu machen?
- ⇨ Was möchte ich genau im Leben? Worauf steuere ich zu? Welche Beziehungsaspekte sind mir dahingehend in Bezug auf Hochsensibilität wichtig?

    - Kommunikation

    - Nähe

    - Freiheit

    - kein Nachtragen

    - viel Ruhe, ein ruhiger Alltag

    - Ich möchte mein Leben verändern, und zwar so:

- ⇨ In welchen Bereichen meines Lebens möchte ich ganz klar gemeinsam mit meinem Partner wirken – und was mache ich gerne alleine?

> ⇨ Wenn ich hochsensibel in Bezug auf Lautstärke und Geräusche bin: Spricht der potentielle Partner sehr laut? Welche Gewohnheiten in Bezug auf Schlaf, Musik hören, Geräusche zuhause, Zeiten, in denen er nicht da ist, Ausgehen und Partys etc. hat er? Passt es zu meinem Ruhebedürfnis?
>
> ⇨ Wenn ich hochsensibel in Bezug auf Gerüche bin: Passen seine Körperpflege und andere Gewohnheiten, die mit dem Geruch zusammenhängen, zu meiner Empfindsamkeit?
>
> ⇨ Wenn ich hochsensibel in Bezug auf Berührung bin: Welche Bedürfnisse hat mein Partner? Passen sie zu den meinen?

Selbstverständlich finden sich viele Aspekte erst in der Partnerschaft so wieder, dass man sie gemeinsam besprechen kann. Doch es lohnt sich, gleich zu Beginn zu beobachten und zu besprechen, was dir wirklich wichtig ist.

Achte vor allem auf dein Bauchgefühl. Deine Intuition wird dir den richtigen Weg weisen. Suche nach einem Partner, der zu dir passt, genau dort, wo er vermutlich auch zu finden ist. Platt ausgedrückt ist damit gemeint: Suche nach einem passenden Partner, der die Stille liebt, nicht am Freitagabend in einer lauten Disco. Vermutlich wirst du ihn dort nicht antreffen. Dieser Hinweis schont deine Zeit, Energie und deine Nerven. Du bist klar und ausgerichtet und erwartest, dass der richtige Partner deine Grundwerte mit dir teilt und mit bestimmten Bereichen, die dir wichtig sind, bereits vertraut oder zumindest damit in Berührung gekommen und positiv darauf eingestellt ist.

Anna und ihr Freund Gregor möchten heiraten. Welch wundervolle Ideen ihnen durch den Kopf gehen! Anna träumt seit ihrer Kindheit von einem riesigen Fest mit unzähligen Gästen, bunten Farben, viel Programm und einer Party bis tief in die Nacht. Am liebsten möchte sie ein Schloss mieten und unter dem lauten Jubel ihrer Mitmenschen ihre Liebe mit Gregor feiern.

Hochsensibilität in Beziehungen/Partnerschaft

Sie erzählt Gregor seit Wochen von ihren Ideen und spürt nur hintergründig, dass dieser nicht allzu viel Begeisterung zeigt und recht einsilbig antwortet.

Je näher jedoch die Hochzeit rückt und je weniger Gregor in die Aktion geht, um das Fest vorzubereiten, spürt Anna deutlich, dass etwas nicht stimmt. Sie wird immer ungehaltener und wütend auf Gregor, weil dieser sich so passiv gibt. Plötzlich taucht ein Gedanke in ihr auf: Was ist, wenn Gregor mich gar nicht mehr heiraten will? Vielleicht hat er Torschlusspanik und merkt nun, dass ich nicht die Richtige für ihn bin?

Anna bricht aus ihrer Angst heraus einen riesigen Streit vom Zaun und beschuldigt Gregor sogar, sie vielleicht zu betrügen und hinterhältig verlassen zu wollen.

Erst im intensiven Gespräch findet Gregor endlich den Mut, über das zu sprechen, was ihm Bauchschmerzen bereitet: Es graut ihm endlos vor diesem Tag, weil ihn der Gedanke an eine solch riesige Party vollkommen überfordert. Gregor war schon immer sensibel und besuchte nur im äußersten Notfall ein Fest, verbrachte lieber Zeit mit einzelnen Menschen oder in kleinen Gruppen, führte eher ein stilles Leben. Die Vorstellung, vielen Menschen gleichzeitig zu begegnen, Lautstärke, Musik, viel Bewegung, viele Farben, eine unübersichtliche Umgebung um sich zu haben, während er eigentlich mehr nach innen gehen und die Liebe still genießen möchte, macht ihm zu schaffen. Dass er hochsensibel ist, weiß Gregor zu diesem Zeitpunkt noch nicht. Er spürt nur: Ich bekomme Panik bei dem Gedanken an diese Feier, habe das Gefühl, in Krach und Gewimmel verschluckt zu werden!

Gregor teilt Anna mit, dass er so lange nichts gesagt hat, weil er sie nicht verletzen und ihr ihren Traum von der großen Hochzeit nicht verderben wollte. Doch die zunehmende Beklemmung ließ ihn starr und passiv werden und innerlich beinahe aus der gemeinsamen Planung aussteigen.

Abgesehen davon, dass diese Kettenreaktion in Anna wahrscheinlich aus alten Wunden herrührt, wird hier deutlich: Hochsensibilität wird zum Problem, wenn nicht zwischen den Beteiligten kommuniziert wird. Wichtige gemeinsame Erlebnisse, die das Paarleben prägen, werden zum Konfliktherd, wenn Hochsensibilität im Spiel ist, die nicht bereits ihren Platz im Beziehungs- und Alltagsgeschehen gefunden hat.

Bei Gregor und Anna hilft vor allem gegenseitiges Wohlwollen, Verständnis, Empathie. Da die beiden sich offensichtlich lieben und füreinander nur das Beste wollen, ist es hilfreich, wenn sie sich gegenseitig den Raum schenken, all ihre Wünsche, Sehnsüchte und Ängste zu kommunizieren und dann gemeinsam eine Lösung zu finden. Ohne Kompromisse wird es nicht gehen, weil die Vorstellungen so weit auseinander gehen. Doch an diesem Punkt hat die Beziehung eine Chance, zu wachsen und sich vielleicht genau da hinzuentwickeln, wo noch tiefere Verbindung möglich ist. Hochsensibilität wird im ersten Moment vielleicht als Stolperstein und Herausforderung wahrgenommen, kann jedoch beiden Partnern eine neue Perspektive öffnen. Hochsensibilität weist immer, wenn wir bereit sind, uns zu öffnen, auf ein tieferes Bedürfnis der Menschheit hin. Wir wollen Brücken zueinander bauen, wo im ersten Moment keine Einigung in Sicht zu sein scheint. Wir möchten Einheit erschaffen, wo die Fronten verhärtet sind und Heilung in die Bereiche bringen, die schon lange unter Schmerz leiden. Eine einfache Hochzeitsfeier, die für so viel Zündstoff sorgt, kann im Vorfeld die Beziehung in eine neue Tiefe bringen. Beide Partner können lernen, einen Anteil des anderen auch in sich selbst neu zu entdecken und einander damit noch tiefer schätzen zu lernen. Vielleicht geht es am Ende gar nicht so sehr um die Ausrichtung der Hochzeitsfeier, sondern darum, als Paar diese Situation zu ergreifen, um gemeinsam zu reifen und einander durch den Konflikt näher zu kommen.

Inspiration – Übungen in der Partnerschaft
Empathie-Übung: Der Buddha

Setzt euch einander im Schneidersitz gegenüber, der Abstand zwischen euch so, dass ihr euch beide damit wohlfühlt. Diese Übung hat zwei Runden, in der ihr euch abwechselt: Einer ist „der Buddha" und der andere darf sprechen.

Der Buddha hat die Aufgabe, sich so wenig wie möglich zu bewegen und keinerlei Reaktion zu zeigen, weder mimisch, noch verbal. Er soll ganz stillsitzen und dem Sprechenden als Spiegel und offenes Ohr dienen. Der Sprechende hat in einem Zeitraum von 3-5 Minuten Zeit, alles zu sagen, was ihm auf der Seele liegt, ohne den Buddha in seiner natürlichen Identität als Partner direkt anzusprechen. Er spricht also, wenn es um den Partner gehen sollte, über ihn als dritte Person. Achtet darauf, dass es darum geht, sich Luft zu machen und sich dem anderen so zu zeigen, wie man es am liebsten immer gern einmal ausgedrückt hätte.

Nach dem festgelegten Zeitraum werden die Rollen gewechselt.

Es wird vorerst für den Rest des Tages nicht über das gesprochen, was gesagt wurde. Beide Parteien leben weiter miteinander und lassen zwischen sich wirken, was sie gehört haben, ohne es zu zerreden. Erst, wenn beide spüren, dass die Emotionen abgeflacht sind, können sie konstruktiv miteinander sprechen.

Voraussetzung: Beide Partner haben bereits eine intensive Grundarbeit im Bereich Eigenverantwortung geleistet und wissen, wie sie sich selbst beruhigen können, wenn sie getriggert sind. Ebenso können sie einen Raum für ihren Partner halten und wissen, wie sie Gehörtes für den Moment nicht persönlich nehmen müssen.

Gesprächsübung: Wiederholung in eigenen Worten

Auch diese Übung ist eine Wechselübung. Ein Partner darf ein bis drei Minuten lang etwas teilen, das ihm auf dem Herzen liegt. Danach gibt der andere das Gehörte in eigenen Worten wieder:

Ich habe gehört, dass du …

        dass es dir wichtig ist …

        dass …

Am Ende fragt er: Habe ich dich so richtig verstanden?

> Wenn der Partner zufrieden ist, wird er sich wahrhaft verstanden, ergriffen und angenommen fühlen. Sobald dieses Gefühl in ihm auftaucht, ist die Übung beendet und ihr wechselt die Rollen.
>
> Diese Art, miteinander zu sprechen, ist für das tägliche Leben sehr dienlich und kann euch helfen, gegenseitiges Verständnis zu trainieren und grundlegende Denkmuster des anderen kennenzulernen.

Verlustangst

Viele Hochsensible leiden unter massiven Verlustängsten. Sie fürchten, für den anderen zu viel und zu anstrengend zu sein und verbiegen sich daher immer wieder in eine Richtung, von der sie meinen, dem anderen helfen zu können, sie mit ihren vielen unterschiedlichen Bedürfnissen auszuhalten. Zudem fällt es ihnen oft schwer, die eigenen Bedürfnisse selbst zuerst anzunehmen und zu sich zu stehen.

Wenn der Alltag einen Hochsensiblen oft überfordert, kann er sich schwer vorstellen, dem anderen eine Freude zu sein. Zu oft kommt die alte Angst zum Vorschein, die damals aktiv war: Ich bin meiner Familie zu viel und zu anstrengend. Sie müssen wegen mir auf so vieles verzichten, das ihnen wichtig ist. Ich halte immer alles auf. Ständig stolpern alle über meine Überforderung. Ich bin zu viel.

Wenn ein Hochsensibler mit diesen Ängsten in eine Beziehung geht, kommt es zu Konflikten: Die Verantwortung liegt zum großen Teil auf dem Partner, der zum einen damit beschäftigt ist, den hochsensiblen Lebensgefährten mit seinen Eigenarten kennenzulernen, sich dabei selbst nicht zu verlieren und zusätzlich dem Hochsensiblen immer wieder versichern zu müssen, dass er ihn liebt, wie er ist.

Ein Hochsensibler mit Verlustangst darf lernen, diese Angst intensiv kennenzulernen, sich damit auseinanderzusetzen und die Verantwortung zu sich zurückzunehmen. Er darf üben, sich eventuell unsensible Reaktionen des Partners auf seine Bedürfnisse nicht zu sehr zu Herzen zu nehmen und Geduld mit dem anderen zu haben, der erst noch lernen muss, die verletzlichen Punkte des Hochsensiblen besser zu umsorgen.

Training in Selbstliebe ist ein heilsames Mittel für Verlustangst. Je mehr ein Hochsensibler zu sich stehen kann und den Fokus auf seine eigenen Begabungen und die Schönheit der sensiblen Wahrnehmung lenkt, umso mehr kann er sich auch vorstellen, dass sein Partner ihn liebt, wie er ist.

Positive Affirmationen

⇨ Ich zeige meinem Partner eine wunderschöne neue Perspektive

⇨ Mein Partner profitiert von meiner Aufmerksamkeit auf Details

⇨ Ich kann auch mal etwas alleine machen, die Beziehung ist dadurch nicht in Gefahr – und ich kann die Ruhe genießen

⇨ Mein Partner hat mich ausgesucht, *weil* ich so bin, wie ich bin

⇨ Ich muss nicht so sein wie mein Partner, um von ihm geliebt zu werden

⇨ Ich bin nicht anstrengend und auslaugend, sondern vielseitig und interessant

⇨ Ich habe einen wertvollen Zugang zu Achtsamkeit und Präsenz

Angst vor Nähe

In vielen Fällen kann Hochsensibilität zu Angst vor Nähe führen, weil die Nähe eines anderen Menschen prinzipiell überfordernd und anstrengend wirken kann. Hier ist wichtig zu beachten: Vermeidung von Nähe aufgrund von Hochsensibilität ist nicht gleichzusetzen mit Beziehungsvermeidung aufgrund von inneren Verletzungen. Viele Hochsensible sehnen sich unendlich nach Liebe, Nähe und Zuwendung, doch sie haben Schwierigkeiten damit, alle Eindrücke zu verarbeiten, brauchen viel Ruhe und Zeit für sich und fürchten, all diese unterschiedlichen Bedürfnisse nicht unter einen Hut bringen zu können. Sie fragen sich, wie es praktisch umsetzbar ist, eine nahe Verbindung einzugehen und gleichzeitig nicht von der stark empfindsamen Wahrnehmung überfordert zu werden.

Hochsensibilität ist nicht nur im Außen zu finden, sondern auch oft im Zusammenhang mit besonders ausgeprägter Empathie. Ein Mensch, der dem Hochsensiblen nun besonders nahesteht, trägt auch seine eigenen Bedürfnisse, seine Geschichte und seine Weltsicht in die Beziehung mit hinein.

Ist der Hochsensible bereits mit dem Management seiner eigenen Lebenswelt ausgelastet, bedeutet eine Beziehung für ihn zusätzlichen Stress, obwohl er sich nach dieser Nähe sehnt.

Es ist hilfreich, intensiv miteinander zu sprechen und sich darüber auszutauschen, wie das gemeinsame Leben gelingen kann: Vielleicht kann der Partner dem Hochsensiblen regelmäßig etwas abnehmen, was diesem bisher oft zu viel wurde. So wird Energie frei, die der Beziehung zugutekommt. Einkaufen, kochen, bestimmte Termine wahrnehmen, Anrufe tätigen, den Müll rausbringen - sogar Kleinigkeiten können enorme Erleichterung bringen und der Beziehung und dem Hochsensiblen zur Entspannung verhelfen.

Positive Affirmationen

⇨ Eine Beziehung ist ein Gewinn für mich, weil ich nun nicht mehr allein für alles verantwortlich bin

⇨ Ich kann mir immer wieder Ruhe und Auszeiten gönnen und dies fair kommunizieren

⇨ Mein Partner gönnt mir Ruhe und Erholung

⇨ Mit dem richtigen Partner muss ich nicht um Erholung kämpfen

⇨ Ich darf um Hilfe bitten

⇨ Ich darf überfordert sein

Verständigung

Klare und deutliche Verständigung und empathische Kommunikation ist in einer Partnerschaft mit Hochsensiblen unumgänglich.

Sowohl der Hochsensible, als auch sein Partner dürfen lernen, einander mitzuteilen, was in ihnen vorgeht. Dabei kann es zu folgenden Herausforderungen kommen:

➤ Der nicht hochsensible Partner kommt an seine Grenzen und zweifelt die Glaubhaftigkeit des Hochsensiblen an: Nicht selten sehen sich Hochsensible der Unterstellung ausgesetzt, zu übertreiben oder nur Aufmerksamkeit auf sich zu ziehen. Insbesondere dann, wenn ein wichtiges Gespräch ansteht oder die überforderte Reaktion dann erfolgt, wenn es einmal nur um den Partner gehen sollte, kann dieser sich unter Umständen zurückgesetzt und vernachlässigt fühlen. Es kann der Eindruck entstehen, dass für ihn kaum Raum übrigbleibt und die Bedürfnisse des Hochsensiblen immer Vorrang haben müssen. Ist die

Frustrationsschwelle überschritten, kann es dazu führen, dass er dem Hochsensiblen unterstellt, egoistisch zu sein und nur zu schauspielern.

> Wenn der Hochsensible nicht rechtzeitig kommuniziert, was in ihm vorgeht, kommt der Partner nicht mit der plötzlichen Stimmungsveränderung oder dem Ausbruch aus der Situation hinterher. Er fühlt sich stehengelassen und übergangen und kann nicht nachvollziehen, was in seinem Partner vorgeht, die Verbindung wird getrübt.

> Wenn gemeinsame Unternehmungen und Pläne immer wieder unterbrochen oder verändert werden müssen, ist dies eine Zerreißprobe für den weniger sensiblen Partner. Er möchte die Party noch nicht verlassen, möchte noch gern auf der Wiese sitzen bleiben oder den Urlaub in Rom verbringen, wo garantiert Überforderung des Partners droht.

> Wenn der Hochsensible stark abwehrend und korrigierend auf Berührung reagiert, ist dies für den Partner mitunter sehr verletzend und frustrierend. Es kann dazu führen, dass er an seiner eigenen Fähigkeit zweifelt, den Partner glücklich zu machen oder anziehend zu wirken. Er vergisst oder versteht nicht, dass diese Überempfindlichkeit der Anteil des Hochsensiblen ist, der die Begegnung erschwert und dass dies nicht seine Schuld ist.

> Der Partner fühlt sich vom Hochsensiblen immer wieder abgelehnt, wenn dieser empfindlich reagiert: Ich rieche unangenehm, ich spreche zu laut, zu schnell, bewege mich ruckartig, mir darf es nicht schlecht gehen etc.

Bei all diesen Konflikten ist eine Grundbasis vonnöten: Die Hochsensibilität muss als Parameter in der Beziehung anerkannt und mit einbezogen werden. Die Schuldfrage darf immer weniger gestellt werden. Es hilft beiden enorm, immer wieder zu sagen: So ist es gerade, so darf es sein. Wir schieben einander nicht die Schuld für die Situation in die Schuhe. Auch der Hochsensible achtet hier darauf, dem anderen keine Schuld dafür einzureden, dass dieser ihn oft nicht verstehen und seine Reaktionen schwer nachvollziehen kann. Hier liegt auch Potential verborgen, eine besondere Tiefe der Liebe zu entdecken. Beide nehmen einander so an, wie sie sind und lassen davon ab, sich gegenseitig verändern zu wollen. Sie arbeiten daran, eine Brücke zueinander zu finden. Die klare Kommunikation kann ihnen dabei helfen.

Positive Affirmationen

Für den Hochsensiblen	Für den Partner
⇨ Ich kann sensibel auf meinen Partner eingehen	⇨ Ich kann sensibel auf meinen Partner eingehen
⇨ Mein Partner muss nicht alles verstehen, was in mir vorgeht	⇨ Ich bin kein Elefant im Porzellanladen, sondern eine starke Begleitung
⇨ Mein Partner ist eine wertvolle Ergänzung für mich	⇨ Meine Gefühle sind wichtig
⇨ Auch mein Partner kann tief lieben	⇨ Ich bin geliebt
⇨ Ich darf mich zeigen	⇨ Ich kann mit dieser Situation gut umgehen

Wir sind ein wunderbares Team!

Hochsensibilität im Beruf

„Selbst moderate und vertraute Reize, wie ein normaler Arbeitstag, können dazu führen, dass eine hochsensible Person abends ihre Ruhe braucht."

Elaine Aron

Hochsensible Menschen und Beruf – einer der brisantesten Themenbereiche für Menschen, die hochsensibel sind. Im Beruf geraten sie am häufigsten an ihre Grenzen, denn die wenigsten Arbeitsstellen versprechen Reizarmut, Rücksicht, Empathie, Verständnis, Gleitzeiten oder lange Pausen, Verschiebung von Abgabeterminen aufgrund persönlicher Bedürfnisse.

Doch genau diese Aspekte sind nötig, um einem hochsensiblen Menschen echte Erleichterung zu verschaffen. Wäre das Berufsleben bzw. eine individuelle Stellenausschreibung nicht auf Profit, sondern auf menschliche Bedürfnisse ausgerichtet, würde der Wirtschaftssektor ein ganz anderes Gesicht erhalten.

Nun begreifen einige Firmen, dass viele Menschen produktiver sind, wenn die Arbeitszeiten, die Umgebung und die Anforderungen besser auf deren Bedürfnisse abgestimmt sind. Wie für Empathen ist auch für Hochsensible ein passendes Arbeitsumfeld ein Ort, an dem sie zu Höchstleistungen animiert werden können – aus intrinsischer Motivation heraus. Je weniger ein Mensch Energie aufbringen muss, um sich zu schützen, umso mehr bleibt frei, um in dieser Welt kreativ wirken zu können.

Mein Beruf und ich

Für dein Berufsleben kannst du ebenso eine Wunschliste anfertigen, wie für alle anderen Bereiche deines Lebens. Wo du vielleicht noch keine Lösung siehst, kann eine solche ab dem Punkt auftauchen, an dem du entscheidest, dass dieser Punkt dir wirklich wichtig und indiskutabel ist. Wenn du zielgerichtet nach einer passenden Arbeitsstelle suchst und deinen potentiellen Arbeitgebern klar kommunizieren kannst, was genau du brauchst, wird dir mehr Gehör geschenkt werden. Du zeigst damit: Ich weiß, was ich brauche und übernehme dafür Verantwortung. Ich bin lösungsorientiert. Ich sorge für eine gesunde Umgebung für mich, um optimal arbeiten zu können und bin daher eine gute Wahl für euer Team.

- ⇨ Brauche ich einen eigenen Raum?
- ⇨ Wie lange brauche ich Mittagspause?
- ⇨ Möchte ich Vollzeit oder Teilzeit arbeiten?
- ⇨ Wie möchte ich den Fahrtweg entspannt gestalten?
- ⇨ Brauche ich Gleitzeit? Was bin ich dafür bereit, mit meinem Arbeitgeber zu vereinbaren?
- ⇨ Möchte ich bei Überstunden lieber das Geld ausgezahlt bekommen, oder stattdessen freie Zeit haben?
- ⇨ Werde ich bereit sein, Überstunden zu machen?
- ⇨ Welches Beziehungsklima wünsche ich mir auf der Arbeit? Passt das potentielle Unternehmen zu meiner Vorstellung?
- ⇨ Ist dies ein Bereich, in dem grundsätzlich Hochsensibilität anerkannt und ernst genommen wird?

> ⇨ Wie hochsensibel bin ich eigentlich (individuell) und passt das daran geknüpfte Lebensgefühl zu der Arbeit, die ich dort machen soll?
>
> ⇨ Passt diese Arbeitsstelle zu meiner Lebensausrichtung? (Beachte hier das Kapitel zum Thema *Geistige Gesundheit*. Ein Job nimmt viel Aufmerksamkeit und Energie in Anspruch.)

Herausforderungen

Einige Hochsensible klagen über immer wiederkehrende Situationen im Arbeitsleben, bei denen sie keine Aussicht auf Veränderung sehen:

Ich muss mich immer wieder krankmelden, weil ich überfordert bin – und fühle mich schuldig, weil ich eigentlich nicht krank bin

Es ist richtig, du bist nicht krank, du bist hochsensibel. Doch wenn du nicht auf dich achtest und dir erlaubst, dich auszuruhen, wirst du auf lange Sicht krank werden können. Erlaube dir die innere Kompetenz, darüber entscheiden zu können, ob du eine Auszeit benötigst. Viele Hochsensible sind von Schuldgefühlen geplagt, weil sie weniger aushalten können als andere, mit denen sie sich vergleichen. Sie haben das Gefühl, zu schwindeln und sich einen Sonderstatus herbei zu betrügen. Sie finden sich wieder zwischen dem dringenden Bedürfnis, sich auszuruhen und andererseits dem Druck, nicht aus der Reihe zu fallen, mitzuhalten und nicht als Spielverderber zu gelten. Gerade im beruflichen Umfeld müssen sie sich auch den eigenen inneren Verurteilungen stellen:

Du bist zu empfindlich. Du willst nur Aufmerksamkeit. Du spielst nur Theater. Du redest dich immer raus.

Diese Glaubenssätze sind alte Muster aus deiner Kindheit, die dir die Kompetenz und Fähigkeit zur Eigenverantwortlichkeit aberkennen möchtest. Erinnere dich daran: Was du hier gelernt hast, bist nicht du, es ist allenfalls, was andere damals über dich dachten – oder sogar nur, was du meintest, was andere über dich denken. Du hattest als Kind nur eine bestimmte Kapazität, das Verhalten und den Spiegel deiner Mitmenschen zu interpretieren. Im Berufsleben wirst du immer wieder an den einen oder anderen Glaubenssatz stoßen, der sich damals gebildet hat.

Diese Affirmation ist daher ein großer Schatz:

Ich weiß, wann ich Ruhe brauche. Ich sorge gut für mich. Ich gebe mein Bestes. Ich habe meinen eigenen Rhythmus. Ich bin ehrlich, kompetent und verlässlich.

Ich habe das Gefühl, beim Vorstellungsgespräch oder im Arbeitsalltag zu viel zu verlangen – ohne dafür etwas zurückzugeben

Auch hier spielen wieder alte Muster eine große Rolle: Wer hochsensibel ist und sich entschieden hat, auf seine besonderen Bedürfnisse Rücksicht zu nehmen, sieht sich oft in dem Gefühl, eine Sonderbehandlung zu verlangen und dafür auch noch weniger zu leisten als andere.

Dieser Empfindung kann man durch folgende Anstöße entgegenwirken:

> ➢ Was ist deine genaue Aufgabe in deinem Arbeitsalltag? Sind die „normalen" Arbeitsumstände dafür notwendig? Beispiel: Deine Aufgabe ist es, am Telefon Kunden zu beraten. Musst du dafür unbedingt in einem Großraumbüro sitzen, wenn eigentlich noch ein Einzelbüro frei wäre? Was hat das Telefonat tatsächlich mit deiner Umgebung zu tun? Würdest du deine Arbeit vielleicht sogar besser machen, wenn du mehr Ruhe hättest?
>
> ➢ Kennst du das Gefühl, unrechtmäßig zu viel zu wollen, noch von früher?

> Möchtest du diesen Job wirklich machen? Passt du dort hin? Welche Arbeit würdest du am liebsten machen, wenn alles möglich wäre?

Hochsensibilität im Job bringt Unsicherheiten und Ängste, sofern die Umgebung der inneren Lebenswelt nicht entspricht. Du darfst dir immer wieder darüber Gedanken machen, inwieweit du dich bewusst anpassen möchtest und wo du keine Kompromisse eingehst, um dir selbst treu zu bleiben. Den Standard stellst du. Sei es dir wert.

Praktische Übungen und Tipps

„Das beste Mittel gegen Stress ist unsere Fähigkeit, einen Gedanken einem anderen vorzuziehen."

William James

In diesem Kapitel findest du ein Sammelsurium an Tipps und Tricks für den Alltag - denn auf die kleinen Momente kommt es an! Ein Werkzeugkoffer mit hilfreichen Ideen kann dir helfen, überfordernden Situationen stabil zu begegnen.

Große Menschenmengen

Begib dich inmitten der Situation an einen Ort der inneren Sicherheit. Fokussiere dich auf einen bestimmten Menschen in der Menge und auf den Kontakt zu ihm. Übe, die Reize um dich herum auszublenden. In bewegten Transportmitteln mit vielen Menschen kannst du dich auf die vorüberziehende Landschaft konzentrieren – das heißt, du verlagerst deine Aufmerksamkeit weg von allem, was unter den Menschen um dich herum geschieht, hin zu dem, was statischer und ruhiger ist.

Übe, dich auf deinen Atem zu konzentrieren. Er kann dir als Anker dienen und dich immer wieder daran erinnern, bei dir zu bleiben. Das stetige Auf und Ab beruhigt und schafft für den Moment Struktur.

Entscheide (so gut es geht) eigenverantwortlich, wann du dich größeren Menschenmengen aussetzt. Wenn du diese Situationen auf Zeitfenster verlegst, in denen du in der Regel nicht vorher schon viele Reize verarbeiten musstest und Kapazitäten frei hast, um resilient damit umzugehen, ziehen sie dir nicht zu viel Energie ab.

Überprüfe deinen Alltag auf die Menge dieser Situationen: Wohnst du in der Stadt oder ist dein täglicher Arbeitsweg stark von Menschenmengen geprägt? Es lohnt sich, die Grundstrukturen deines Alltages von Reizüberflutungen zu befreien! Siehe auch den Inspirationskasten *Ich bin es mir wert*.

Viel Verkehr

Benutze Ohrenstöpsel oder Musik (wenn du nicht gerade selbst Auto fährst)! Sie können dich nach außen abschirmen und deine Aufmerksamkeit zu dir lenken.

Vermeide diese Situationen so oft es geht, das bedeutet auch, anderen Menschen mitzuteilen, dass du gern einen anderen Weg nehmen, dich woanders treffen, Alternativen finden möchtest. Sei es dir wert, nein zu sagen, wenn eine zusätzliche Aufgabe oder Anfrage in deinem Alltag eine Situation beinhaltet, in der du viel Verkehr ausgesetzt bist.

Nutze Gedankenspiele:

Gerade jetzt ist es sehr laut hier, in einigen Minuten ist es wieder still.

Gerade jetzt fühle ich mich überfordert, gleich ist es wieder besser.

Gerade jetzt fühlt sich das Leben nicht angenehm an, es ist nur ein einzelner Moment.

Gerade jetzt überkommt mich das Gefühl, in einer absurden Welt festzustecken, doch später bin ich wieder in einer anderen Situation.

Visuelle Reize

Wichtig ist, dass du dich immer wieder daran erinnerst, dass überfordernde Situationen nicht gänzlich vermeidbar sind. Zoome daher aus deinem Alltag etwas heraus und betrachte deine Lebenswelt als großes Ganzes: Welche Situationen überwiegen? Befindest du dich mehrheitlich in Umgebungen, die zu starke Reize beinhalten? Oder ist ein Ort der Erholung immer nah?

Deine Wohnung, dein Zuhause, dein Zimmer können solch ein Ort sein. Achte darauf, dass er deinem Wohlfühlmodus voll und ganz entspricht. Dein Wohnraum ist dein Anker, der Ort, an dem du verarbeiten kannst, was du draußen erlebt hast. Wähle Farben und Formen, die einen entspannten Zustand fördern. Trenne dich von Einrichtungsgegenständen, die dich stören – selbst dann, wenn du nicht genau erörtern kannst, woran es liegt.

Umgib dich mit Natur und Pflanzen! Sie fördern innere Ruhe und einen ausgeglichenen Zustand.

Wenn du Kinder hast, erlaube dir, das Zuhause so zu organisieren, dass nicht zu viel herumliegt und sich die Spielsachen an dafür festgelegten Orten befinden.

Fokussiere dich auf eine Ordnung, die dir entspricht, sowohl an deinem Arbeitsplatz, als auch in deinem Zuhause.

Die Achtsamkeitsübung für visuelle Überreizung ist die Vorstellung des Regenbogens:

Suche dir einen ruhigen Ort in deiner aufgeräumten Wohnung und platziere dich so, dass es dir angenehm ist. Schließe die Augen und konzentriere dich auf deinen Atem.

Wenn du spürst, dass du langsam tiefer und ruhiger atmest, stelle dir beim Einatmen vor, ein sanfter, lilafarbener Nebel fließt mit der Atemluft in deinen Körper und breitet sich dort seicht und lautlos aus. Beim Ausatmen stellst du dir vor, dass sich alles, was in dir durcheinander war oder dort nicht hingehört, zurechtrückt und deinen Körper verlässt. Stelle dir vor, der lilafarbene Nebel verbreitet sich angenehm weich in deinem ganzen Körper und verblasst dann nach und nach, weil deine Zellen ihn Stück für Stück aufgenommen haben.

Wenn du bereit bist, stelle dir beim nächsten Einatmen einen sanft orangefarbenen Nebel vor, mit dem du ebenso verfährst.

Gehe so mit allen Farben vor, die du gern in dir tragen möchtest. Besonders mit Farben, die dich im Außen oft überfordern, kannst du so verfahren, dass du sie in deiner Vorstellung weicher und sanfter werden und eine nebelartige Form annehmen lässt. So kannst du bei dir ankommen und die Farben in dir integrieren.

Zeitmanagement

Multitasking ist bei den meisten Hochsensiblen ohne negative Folgen kaum möglich. Oft verlangt der Alltag von uns ab, dass wir nicht nur viel gleichzeitig *tun*, sondern auch viel gleichzeitig *bedenken*. Dies führt zu einer oft schleichenden Überlastung des Systems und zu Depression, Burnout und Dauerstress.

Als hochsensibler Mensch darfst du dir erlauben, deinen Alltag nach ganz anderen Parametern zu bestimmen, als nach denen der Leistungsfähigkeit. Alles darf sich viel mehr ums Sein drehen, als um Tun. Das bedeutet nicht, dass du nichts mehr produzieren oder erschaffen kannst, sondern aus einer ganz neuen Perspektive heraus am Leben teilnimmst:

Strukturiere deinen Alltag so, dass du den jeweiligen Moment voll und ganz fühlen und erleben kannst, ohne davon überfordert zu sein. Dies bedeutet, dass du dich eine Zeit lang selbst beobachten und herausfinden kannst, an welchen Stellen du in die Überforderung abgleitest. Dann entzerrst du deine To-do-Liste so, dass die Dinge hintereinander folgen, nicht zeitgleich.

Stelle dir dazu folgende Fragen:

➢ Was ist gerade wirklich dran?

➢ Muss ich mich hiermit aktuell wirklich beschäftigen?

➢ *Will* ich mich damit überhaupt beschäftigen?

- ➢ Ist es nützlich?
- ➢ Ist es verschiebbar?
- ➢ Passt es zu einem anderen Zeitpunkt besser?
- ➢ Welche Atmosphäre trägt dieser Tag? Welche Aktionen passen dazu?
- ➢ Was möchte heute geschehen?
- ➢ Wo zwinge ich mich schon fast, etwas durchzudrücken, was ich am liebsten loslassen würde?

Achtsamkeitsübung für Zeitmanagement

Nimm dir die visuelle Übung des Regenbogens als Grundlage und stelle dir mit jedem Einatmen vor, dass eine Farbe für eine Handlung/ein Thema steht, dem du dich widmen möchtest. Erst, wenn dieses Thema abgehakt ist, wendest du dich dem nächsten zu.

Wenn du die Gegenprobe machen möchtest, kannst du mehrere Farben gleichzeitig hineinlassen, passend zu den Punkten, die du vorher meintest, gleichzeitig erledigen zu müssen – wie fühlt es sich an? Wo entsteht Druck? Wo entstehen Unordnung und das Gefühl von Stress in deinen Gliedern?

Du kannst damit spielen und nachspüren, welche Farbe du gerade nicht in deinem Körper haben möchtest. Dies ist auch ein gutes Training dafür, zu erkennen, dass du sehr wohl entgegen vieler Vertreter knallharter Disziplin nach deiner Gefühlsstimmung leben und diese ernst nehmen kannst. Es geht nicht darum, blind deinen Emotionen zu folgen, sondern deine Bedürfnisse des jeweiligen Momentes ernst zu nehmen. So kannst du auch herausfinden, wie du deine Zeit so gestalten kannst, dass du Dinge konsequent verschiebst, die jetzt gerade nicht wirklich notwendig und dran sind.

Der innere Antreiber hat bei vielen Hochsensiblen die Zügel fest in der Hand – jedoch nur so lange, wie ihnen nicht bewusst ist, dass sie jederzeit das Recht haben, eine Aufgabe beiseitezulegen, einen Ort zu verlassen, einen Tagesplan zu verändern, wenn sich ein Bedürfnis dazu zeigt.

Körperreaktionen

Dein Körper teilt dir am deutlichsten und auf vielerlei Art und Weise mit, wenn du überfordert bist. Er kann aber auch selbst zu einer überfordernden Situation beitragen, wenn du seine Signale zu lange ignorierst.

- Toilettengang: Du möchtest etwas Wichtiges erledigen oder befindest dich gerade in den letzten Zügen einer Aktion, bevor du endlich zum Ende gelangst. Du möchtest es beenden, um damit abzuschließen, doch plötzlich unterbricht dich das Gefühl, zur Toilette zu müssen. Du folgst dem Gefühl nicht, sondern fährst mit deiner Aktivität fort, weil du so vertieft bist oder „das schnell noch fertig machen" möchtest. Das Bedürfnis, zur Toilette zu gehen, wird immer größer, doch du möchtest durch die Unterbrechung den Gedanken nicht verlieren, den Flow nicht verlassen oder hast Angst, etwas zu verpassen. Somit steigt dein Stresspegel und du fühlst dich immer unwohler.

- Schwitzen/Frieren: Du sitzt auf deinem Sofa und widmest dich kreativen Prozessen wie dem Schreiben, Musikhören, Malen - kaum merklich spürst du, dass deine Füße kalt sind und du beginnst, zu frieren. Immer wieder wird dein kreativer Fluss von dieser Wahrnehmung unterbrochen. Du kannst dich immer schlechter konzentrieren und spürst zunehmende innere Unruhe. Mit Hitze verhält es sich ebenso: Du sitzt mit deinem Kaffee auf der Terrasse und möchtest die wunderbare Frühlingssonne genießen, doch der Wollpullover erweist sich als überflüssig und die Sonne blendet dich. Wenn du deinem Bedürfnis nach weniger Hitze nicht nachkommst, kann es sein, dass du dich von dem einen auf den anderen Moment vollkommen überfordert fühlst.

- Haare: Du spülst das Geschirr oder trägst dein Baby auf dem Arm, fährst mit offenem Fenster Auto oder sitzt auf dem Spinning-

Rad – deine Haare können in den unterschiedlichsten Situationen im Weg sein. Das Gefühl, dass sie stören, kann zur Überforderung in der Situation führen und vermeidbaren Stress in dir auslösen.

- Allergie: Pollenallergie und Heuschnupfen gehören mit zu den anstrengendsten körperlichen Herausforderungen von Hochsensiblen. Meist taucht eine allergische Reaktion mitten im Alltag genau dann auf, wenn sie am wenigsten zu gebrauchen ist: Vier Töpfe befinden sich auf der Herdplatte, der Ofen ist an und die Kinder streiten laut im Wohnzimmer. Du läufst mitten durch die Fußgängerzone, umringt von unzähligen Menschen. Du gehst mit deinem Hund spazieren und musst darauf achten, dass er nicht wegläuft. Du möchtest den Tag gemütlich und entspannt beginnen und hast dich gerade zum Kaffeetrinken hingesetzt. Niesen, Augen- und Nasenjucken, verschleimte Atemwege, die allergische Reaktion kann unendlichen Stress hervorrufen. An dieser Stelle hilft nur eins: Für den Moment steige kurz aus. Drehe die Herdplatten herunter, lege den Hund an die Leine, setze dich hin, ziehe dich in dein Zimmer zurück und warte, bis es etwas besser wird. Überraschenderweise lässt die Allergie oft etwas nach, wenn der Stresspegel sinkt. Du wirst überrascht sein, wie viele Situationen sehr wohl zu unterbrechen und zu verändern sind, wenn du für einen Moment Ruhe benötigst. Plötzlich wird dir bewusst, dass es kein Problem ist, wenn das Essen eine halbe Stunde später auf dem Tisch steht, der Termin verschoben oder die Wäsche noch nicht zusammengelegt ist. Selbst auf der Arbeitsstelle werden sich einige Menschen vielleicht viel eher verständnisvoll zeigen, als du bisher vermutet hast.

Der richtige Umgang mit solch kleinen Stressmomenten ist für Hochsensible von größter Wichtigkeit: Weniger sensible Menschen kümmern sich scheinbar nebenbei um die Befindlichkeiten ihres Körpers, sie müssen nicht allzu sehr darauf achten und halten es damit viel selbstverständlicher. Hochsensible werden durch die Hinweise ihres Körpers regelrecht in ihrem alltäglichen Tun unterbrochen und müssen dem volle Aufmerksamkeit schenken, um anschließend erleichtert zu ihrer Beschäftigung zurückkehren zu können.

Dein neuer Umgang mit hochsensiblen Reaktionen kann dazu führen, dass du in eine völlig neue Freiheit gelangst: Du stehst immer mehr zu dir, Schritt für Schritt. Damit erlebst du, dass deine Umwelt beginnt, sich nach dir auszurichten und sich dir mehr anzupassen. Du als hochsensibler Mensch kannst deinen Bedürfnissen mehr gerecht werden und Stresssituationen vermeiden.

Wenn du deinem Körper als Richtlinie und Zeichengeber vertraust und danach handelst, kannst du gut bei dir bleiben und dem Alltag entspannter begegnen.

Es sind die kleinen Dinge

Vorsorge zu treffen ist ein Akt der Selbstliebe. Hochsensible kämpfen mit Nebensächlichkeiten, denen weniger sensible Menschen kaum Beachtung schenken müssen. Kleine Vorbereitungen können daher enorme Abhilfe schaffen und einer Überforderung vorbeugen:

> - Ladekabel: Überfordert es dich enorm, immer an dein Ladekabel für dein Telefon denken zu müssen?
>   - → Schaffe mehrere an! Deponiere eins in deinem Rucksack, in deinem Schlafzimmer, am Arbeitsplatz, im Auto, schlicht überall, wo du es in der Regel benötigst.
>
> - Lichtverhältnisse: Stört es dich besonders, wenn es zu dunkel oder zu hell ist?
>   - → Statte deine Wohnung und deinen Arbeitsplatz mit den für dich passenden Lichtquellen aus. Achte darauf, dass du nicht viel kriechen und krabbeln musst, um Steckdosen zu erreichen oder einen Schalter zu drücken.
>
> - Körper: Empfindest du Stress, wenn nicht alles griffbereit ist, was du brauchst und du erst danach suchen musst?
>   - → Habe deine nötigen Utensilien immer griffbereit. Taschentücher, Haargummis, Pullover, Creme für trockene Lippen, Nasenspray - was auch immer du regelmäßig brauchst, trage es am besten direkt bei

dir, sodass du dich im Stressmoment nicht weiter darum bemühen musst, es zu beschaffen.

- ➢ Schlafgewohnheiten: Überschreitest du die Schwelle zur Müdigkeit sehr schnell und plötzlich?
  - → Es kann sein, dass dein Körper dir schon weit vorher Signale sendet, dass du langsam müde wirst. Lerne, diese Signale zu beachten und deinen Alltag danach auszurichten, dass du dann zu Bett gehst, wenn dein Körper es dir sagt. Auf Dauer ist dieses kleine Detail gar nicht so klein, sondern trägt maßgeblich zu deiner seelischen und körperlichen Gesundheit bei. Es ist dauerhaft schädlich, die natürlichen Schlaf- und Wachzeiten des Körpers immer wieder zu übergehen und zu versuchen, dir etwas anderes anzutrainieren.

- ➢ Bettwäsche, Kleidung, Gemütlichkeit: Steigt dein Stresspegel, wenn du dich in deiner Kleidung, deinem Bett oder deiner Ruhezone nicht wohlfühlst?
  - → Trenne dich von allem, was dich diesbezüglich stresst und stört, selbst, wenn es schön aussieht. Als Hochsensibler kannst du es auf Dauer schwer kompensieren, wenn es deiner Seele und deinem Körper dort, wo es dir am nächsten steht (Kleidung, Bett), nicht wohl ergeht und du dich deswegen nicht entspannen kannst.

Hochsensible leiden tatsächlich vermehrt unter diesen kleinen Details, die den Alltag für sie schwerer zu bewältigen machen. Das liegt daran, dass ihre Aufmerksamkeit so vehement immer in die Richtung gelenkt wird, aus der die Störung kommt. Es ist nicht einfach eine Lappalie, die entspannt zu regeln ist, sondern bringt den Hochsensiblen oft grundlegend aus dem Konzept.

Wenn du diese oder ähnliche Reaktionen bei dir feststellst, denke daran: Du bist hochsensibel. Es ist normal. Es ist nichts, wofür man sich schämen oder das man verstecken muss.

Es kann öfter zu Kollisionen und Auseinandersetzungen mit anderen Menschen kommen, die weniger sensibel sind und unter

Umständen dein Dilemma gar nicht verstehen können. Bleibe in diesen Momenten klar und deutlich bei dir und stehe für dein Bedürfnis ein. Je natürlicher und selbstverständlicher du damit umgehst, dass dir diese Kleinigkeiten wichtig sind, desto selbstverständlicher wird auch dein Umfeld damit umgehen. Sensibilisiere dich selbst zuerst auf deine Bedürfnisse. So kannst du sie gut nach außen kommunizieren.

Kurz: Richte deinen Alltag so ein, dass er zu dir passt und verbiege dich nicht so, dass du zu deinem Alltag passen musst.

Abschluss

Du bist und bleibst eine Inspiration. Hochsensibilität ist ein wundervolles Geschenk und wenn du es richtig nutzen kannst, wirst du dich damit sehr wohlfühlen können. Du kannst zeigen, wie wir empathisch, mitfühlend, wahrnehmend, wach und aufmerksam in diese Welt blicken können, wie ein gesundes Nein viel Freiheit schafft, wie wir loslassen können, was wir ohnehin nicht mögen und wie wir uns nach dem ausrichten können, was uns guttut.

„Mut ist nicht immer brüllend laut. Manchmal ist es die ruhige, leise Stimme am Ende des Tages, die sagt: Morgen versuche ich es wieder" sagt Mary Anne Radmacher.

Du hast dich auf den Weg der Selbstliebe und Annahme begeben und viele Werkzeuge kennengelernt, die dir auf deinem Weg behilflich sind, aus einem offenen Herzen heraus zu handeln, immer mehr ins Vertrauen zu kommen und Hochsensibilität für ein erfülltes Leben zu nutzen.

Quellen und weiterführende Literatur

Acevedo, B. P., Aron, E. N., Aron, A., Sangster, M., Collins, N., & Brown, L. L. (2014). The highly sensitive brain: an fMRI study of sensory processing sensitivity and response to others' emotions. *Brain and Behavior*, *4*(4), 580–594. https://doi.org/10.1002/brb3.242

Aron, E. N. (1997). *The Highly Sensitive Person: How to Thrive When the World Overwhelms You*. Broadway Books.

Benham, G. (2006). The Highly Sensitive Person: Stress and physical symptom reports. *Personality and Individual Differences*, *40*(7), 1433–1440. https://doi.org/10.1016/j.paid.2005.11.021

Bühr, B., & Engl, E. (2019). *Ernährung für Hochsensible*. Graefe und Unzer Verlag.

Esposito, B. A. (2018). *The Gifted Highly Sensitive Introvert: Wisdom for Emotional Healing and Expressing Your Radiant Authentic Self*. Flourishing Love Press, LLC.

Gerstemeier, A. (2018). *Hochsensibel: Was ist das? Kann Coaching helfen?* MeinAllergiePortal. https://www.mein-allergie-portal.com/

nahrungsmittelallergie-und-unvertraeglichkeiten/1855-hochsensibel-was-ist-das-kann-coaching-helfen.html

Greven, C. U., & Homberg, J. R. (2020). Sensory processing sensitivity—For better or for worse? Theory, evidence, and societal implications. *The Highly Sensitive Brain*, 51–74. https://doi.org/10.1016/b978-0-12-818251-2.00003-5

Grimen, H. L., & Diseth, G. (2016). Sensory Processing Sensitivity. *Comprehensive Psychology*, *5*, 216522281666007. https://doi.org/10.1177/2165222816660077

Hall, K. D. (2014). *The Emotionally Sensitive Person: Finding Peace When Your Emotions Overwhelm You*. New Harbinger Publications.

Harke, S. (2016). *Hochsensibel ist mehr als zartbesaitet: Die 100 häufigsten Fragen und Antworten*. ViaNova Verlag.

Harke, S. (2019). *Gelassen leben mit Hochsensibilität: Selbstbewusst abgrenzen im Alltag, Zeit für mehr innere Ruhe*. ViaNova Verlag.

Hart, S. M. (2009). *Leben mit Hochsensibilität: Herausforderung und Gabe*. Aurum Verlag.

Heintze, A. (2015). *Ich spüre was, was du nicht spürst: Wie Hochsensible ihre Kraftquellen entdecken*. Graefe und Unzer Verlag.

Hensel, U. (2018). *Hochsensibilität verstehen und wertschätzen: Mit ausführlichem Fragebogen - Bin ich hochsensibel?* Junfermann Verlag.

Jonsson, K., Grim, K., & Kjellgren, A. (2014). Do Highly Sensitive Persons Experience More Nonordinary States of Consciousness During Sensory Isolation? *Social Behavior and Personality: An International Journal*, *42*(9), 1495–1506. https://doi.org/10.2224/sbp.2014.42.9.1495

Kern, P. A. (2020). *Gesunde Ernährung für hochsensible Menschen: Wie du deine Mahlzeiten zu echten Energiespendern machst und dich mit deiner Hochsensibilität dauerhaft stark und ausgeglichen fühlst.* Remote Verlag.

Lefkowitz, A. (2020). *The Highly Sensitive Person's Toolkit: Everyday Strategies for Thriving in an Overstimulating World.* Rockridge Press.

Reinhardt, S. (2015). *„Hochsensibilität ist keine psychische Störung, sondern ein besonderes Temperament".* Psychologie Heute. https://www.psychologie-heute.de/leben/artikel-detailansicht/39225-hochsensibilitaet-ist-keine-psychische-stoerung-sondern-ein-besonderes-temperament.html

Repkowsky, M. (2020). *Hochsensibel und glücklich! Das kleine Buch für große Herzen: Wie du achtsamer leben, deine innere Stärke aufbauen, deine Resilienz steigern & Stress bewältigen kannst.* Independently published.

Rohleder, L. (2021). *Die Berufung für Hochsensible: Die Gratwanderung zwischen Genialität und Zusammenbruch.* dielus edition.

Sánchez, G. *Zitate.* Gedankenwelt. https://gedankenwelt.de/wohlbefinden/zitate/

Schlenzig, T., & Meyer, J. (2017). *Die 20 besten Zitate für hochsensible Menschen.* myMONK.de. https://mymonk.de/hochsensible-zitate/

Schorr, B. (2020). *Hochsensibilität: Empfindsamkeit leben und verstehen.* SCM Hänssler.

Sellin, R. (2020). *Wenn die Haut zu dünn ist: Hochsensibilität – vom Manko zum Plus.* Kösel-Verlag.

Weinbach, P. (2021). *Bin ich hochsensibel? Hochsensibilität bei Frauen: Wie du als hochsensible Frau deine Resilienz erhöhen, Gelassenheit steigern und Stress bewältigen ... Glück und Zufriedenheit.* KR Publishing.

www.ingramcontent.com/pod-product-compliance
Lightning Source LLC
Chambersburg PA
CBHW071247070526
44583CB00017B/2359